KB131896

어른의 말글 감각

어른의 말글 감각

빨리감기의 시대, 말과 글을 만지고 사유하는 법

1판 1쇄 인쇄 2023. 8. 25.
1판 1쇄 발행 2023. 9. 5.

지은이 김경집

발행인 고세규
편집 박보람 정경윤   디자인 조은아   마케팅 고은미   홍보 이한솔
발행처 김영사
등록 1979년 5월 17일 (제406-2003-036호)
주소 경기도 파주시 문발로 197(문발동) 우편번호 10881
전화 마케팅부 031)955-3100, 편집부 031)955-3200 | 팩스 031)955-3111

값은 뒤표지에 있습니다.
ISBN 978-89-349-7656-1   03700

홈페이지 www.gimmyoung.com   블로그 blog.naver.com/gybook
인스타그램 instagram.com/gimmyoung   이메일 bestbook@gimmyoung.com

좋은 독자가 좋은 책을 만듭니다.
김영사는 독자 여러분의 의견에 항상 귀 기울이고 있습니다.

어른의 말글 감각

**빨리감기의 시대,
말과 글을 만지고
사유하는 법**

김경집 지음

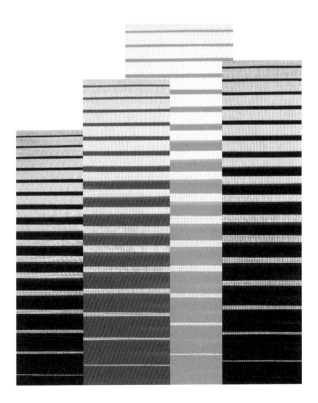

김영사

세상에 없는 이야기를 만드는 말과 글의 힘

말 한마디 하지 않고 넘기는 날이 있을까? 글자 하나 읽지 않고 지나가는 날이 있을까? 날마다 말하고 읽는다. 너무나 당연해서 그걸 굳이 인식하지 않는다. 언어는 공기와 같다. 의식하지 않으면 존재를 채 느끼지 못하는 공기처럼, 언어가 없다는 걸 상상조차 해본 적이 없다. 공기가 없으면 살수 없듯, 언어가 없으면 나는 인간이라는 존재성을 더 이상유지하지 못한다.

나의 삶은 내가 사용한 언어들이 쌓이고 자라난 곳이다. 그러므로 그 언어는 나 자신이고 내 삶이며 세계다. 꼭말로 발화되고 글자라는 기호로 그려지지 않더라도 내 모든의식은 언어의 형태로 규정되고 결정된다. 입 밖으로 한마디도 내뱉지 않고 경전 한 줄도 읽지 않으며 묵언수행 중인구도자라 하더라도 그에게 언어가 사라진 것은 아니다. 단지 그의 의식 속에서만 작동되고 밖으로 표상되지 않을 뿐이다.

"언어는 존재의 집"은 이미 하나의 관용구처럼 사용된

다. 말 하나 글자 하나 허투루 볼 게 아니다. 그 안에 무한한 가능성이 내포되어 있다. 말과 글 하나하나가 마치 반도체 회로처럼 촘촘하게 연결되고 작동되며, 나의 생각과 판단을 규정하고 행동을 결정한다. 어떤 낱말을 어떻게 골라 말하고 읽고 쓰느냐에 따라 삶의 내용과 밀도가 달라진다. 더 나아가 그것이 지금 우리에게 절대적으로 필요한 콘텐츠를 생산하는 근원이라는 점을 놓치지 말아야 한다. 그러나 우리는 언어가 너무나 흔하고 일상적이며 당연하다고 여겨서 언어에 대해 주목하지 않거나, 날마다 사용하면서도 정작 그것이 콘텐츠를 빚어내는 방식 등에 대해서는 관심을 두지 않는다.

흔한 언어에 보석이 박혀 있다. 원석을 가공해야 보석이 나온다. 그 보석이 콘텐츠다. 어떻게 하면 그게 가능할까. 언어를 만지면 보석이 된다. '낱말/문장 만지기'는 거창하고 대단한 기술이 아니다. 관심과 시간을 들여 관찰하고 '생각을 생각'하는 것이다. 이 지극히 단순한 방식이 무한한 콘텐츠를 만들어낼 수 있으며, 내가 진정한 언어의 주인이 되게 해준다. 남의 언어에 끌려가는 소비자가 아니라 스스로 속도를 정하는 주인으로, 창조적인 생산자로 살아가게 해준다. 그런 점에서 언어는 세계이고 나 자신이며 콘텐츠의 원천이다.

말의 시대다. 글의 힘은 예전에 비해 크게 줄었다. 책도 같은 신세가 되었다. 그러나 새로운 콘텐츠의 시대에 글의 잠재력을 들춰내고 공들여 '만지면' 놀라운 결과를 얻게 된다. 그러니 글의 역할과 힘에 대한 기존의 인식에서 벗어나 글이 지닌 고유하고 독특한 장점을 발견해 가공할 방법을 찾아내는 데 집중해야 한다. 언어는 '말과 글'이다. 글을 강조한다고 말의 역할이 줄어드는 게 아니다. 오히려 글의 진정한 힘을 발견하고 숨을 불어넣으면 말의 힘과 역할이 더 강화된다. 이 책이 주로 글에 대해 다루지만 그런 점에서 궁극적으로는 말과 글, 즉 언어의 위상을 재발견하고 힘을 강화해 어떻게 콘텐츠 생산으로 이어갈 수 있는지를 다루게 될 것이다.

인간의 가장 고유하면서도 강력한 무기인 언어를 어떤 방식으로 다룰지에 대한 다양하고 심도 있는 연구는 꾸준히 지속되어 왔다. 나는 이 책에서 콘텐츠를 생산할 수 있는 원천으로서 '언어 만지기'라는 사소하면서도 꽤 매력 있고 생산성 높은 방식을 제안하려 한다. 어려운 이론이 아니다. 일상에서 조금만 관심을 갖고 품을 들이면 가능하다. 이제 차근차근 그것들을 만져볼 것이다.

프롤로그

4장 ─【 생각의 속도, 그리고 콘텐츠로 】

1장

【 건조한 기호와 촉촉한 글자 】

생각을 생각하라

현대는 정보의 시대다. 단순한 '정보의 시대'가 아니라 '정보 과잉의 시대'이다. 현대인은 쏟아지는 정보의 홍수에서 허우적대고 있다. 그러니 정보가 없어 대응하지 못한다는 말은 통하지 않는다. 넘치는 정보 가운데 정확하고 체계적인 정보를 골라내 쓸 수 있는 능력이 있느냐가 문제의 핵심이다.

사회를 멍들게 만드는 가짜뉴스가 넘친다. 과잉 정보에는 엄청나게 많은 쓰레기 정보junk information/junkformation가 뒤섞여 있다. '익스포메이션exformation'이라는 신조어가 주목받는 건 그 때문이다. 영국의 역사학자 폴 케네디Paul M. Kennedy나 미국의 전 부통령 앨 고어Albert Arnold Gore Jr. 등이 자주 사용하면서 일반화된 이 말은 정보를 뜻하는 '인포메이션information'을 변형한 신조어다. 인포메이션은 'in'과 'form', 즉 '안으로 들어가 만든다'는 의미를 함축한다. 이처럼 기존의 정보는 외부에서 내부로 들어와 형성되는 것들이 대부분이었다. 그러나 이제는 정보의 옳고 그름을 가려낼 수 있는지가 중요한 과제가 되고 있다. 쓰레기 정보를 '밖으로ex' 내보낼 수 있는 판단 능력이 요구되는 것이다. 인터넷을 비롯한 다양한 소셜네트워크서비스SNS 등이 당면한 문제가 바로 이것이다. 쓰레기 정보를 분별하는 데 교사나 부모 또는 상사 등의 역할은 제한적이다. 최종 판단은 개개인의 몫이다. 그러한 분별이 어디에서 어떻게 이루어지는지 주목해야 한다.

역설적이게도 현시대는 전문적 지식과 여러 분야에 대한 일반적 지식을 함께, 즉 스페셜리스트와 제너럴리스트를 동시에 요구한다. 지식의 단순한 소유와 운용은 예전의 힘을 잃었다. 그것을 활용하는 법을 깨우치되, 더 나아가 이미 있는 것들을 내 안에서 새로운 가치로 재창조해 생산할 수 있는 능력을 요구한다. 전문성과 다양성을 동시에 갖추도록 요구하는 것은 정보가 충만한 상황에서(사실상 범람하는 상태에서) 필요한 것들을 명확하게 골라내고 융합할 수 있는 능력을 강조한다. 바로 '생각'이다. 균형 잡히고 창의적인 생각의 다양성은 바로 그러한 요구에 부응할 수 있는 가장 기본적·생산적 주체이자 동시에 대상이다.

인간이 생각하지 않고 살 수는 없다. 인간의 뇌는 끊임없이 생각한다. 모든 것에 반응하고 대처하는 기본 요소가 생각이다. 문제는 그 생각을 넘어서는 생각, 즉 '생각을 생

1장 건조한 기호와 촉촉한 글자

각하는' 능력을 얼마만큼 갖추고 있느냐다. 왜 '생각을 생각
하는' 능력이 필요한가? 최상의 콘텐츠는 결국 탐구, 직관,
영감, 통찰, 상상력 등이 깊이를 갖추며 다양한 경우의 수
로 융합되고, 이를 주체적 자아로 수렴시켜 창조할 때 만들
어지기 때문이다. 이른바 '6i'(탐구investigation, 직관intuition, 영감
inspiration, 통찰insight, 상상imagination, 나I/individual)가 다양한 방식으
로 엮여 기존의 정보와 지식으로는 도달할 수 없는 콘텐츠
를 만들어내는데 이는 단순한 생각이 아니라 그 이상의 생
각, 즉 '생각에 대한 생각'일 수밖에 없다.

　　기본적인 지식과 정보를 무시하거나 경시해서는 안 된
다. 그러나 날것의 지식과 정보 자체는 경쟁력이 없다. 섬세
한 사유와 다양한 감각, 풍부한 감정이 가미되는 가공 과정
이 필요하다. 이는 다양하고 깊이 있는 생각을 통해 자연스
럽게 형성된다. 창의력과 상상력은 기존의 것들을 무시하거
나 부정해서 생기는 게 아니라, 그것들을 바탕으로 한 새로
운 이해와 재구성 또는 재창조로부터 얻을 수 있다. 따라서
생각은 일차적으로 기능적 수월성이 아니라 인간사의 다양
성과 전문성을 추구해야 한다.

　　지식과 경험은 상상력의 토대이며 재료가 된다. 상상력
은 공상이 아니다. 지식과 경험을 여러 가지로 묶고 엮고 짜
볼 수 있을 때 생겨난다. 그것들이 어우러져 새로운 의미와

드러나지 않았던 가치를 끄집어내기 때문이다. 이처럼 상상력은 생각을 물질로 구현하는 잠재적 힘이 있으며, 지식과 경험의 합을 몇 배로 키워주는 놀라운 촉매다. 그러나 자신의 지식과 경험에 상상력을 불어넣는 것은 생각만으로 이뤄지지 않는다. '생각을 생각'할 때 비로소 싹튼다. 그런 생각의 토양에 다양한 간접경험들과 지식들이 쌓이고 그것들이 내 삶을 통해, 내 지식의 진보를 통해 결합되고 화학적으로 반응하면서 새로운 가치와 인식의 지평을 만들고 펼쳐낸다.

창의력의 절대조건은 완전한 자유다. 그리고 자유는 상상력이 풍부한 사람에게 더 많이 보장된다. 상상력은 개인과 사회에 무한한 자유를 제공하고, 자유는 새로운 창조를 이끈다. '생각을 생각'하는 것은 수동적으로 주어지는 일이 아니라 능동적으로 찾아내야 하는 일인데, 이는 자유와 자율성이 개인에게 보장되었을 때 비로소 가능하다. 따라서 주체적 자아를 찾아내고 완성시킬 내재적 동인에 대한 능동적 발견이 갈수록 요구되고 있다. 우리의 모든 논의는 바로 이 지점에서 출발해야 한다.

올바른 판단력은 '생각을 생각'하는 주체적 사유의 과정을 거칠 때만 가능하다. 무한한 콘텐츠를 생산해낼 수 있는 상상력 또한 '생각에 대한 생각'을 토대로 했을 때 강화·

1장 건조한 기호와 촉촉한 글자

증대될 수 있다. 판단력은 '생각을 생각'하는 힘의 발현이다. 정보가 범람하는 시기일수록 객관적이고 명확한 판단력이 절대적이다. 판단력이 없으면 쓰레기 정보의 홍수에 휩쓸려 그릇된 판단을 내리게 될 뿐 아니라, 또 다른 쓰레기 정보나 가짜뉴스를 생산하는 암적 존재가 될 수 있다. 올바른 판단력은 늘 필요한 법이지만, 특히 오늘날처럼 과잉 정보와 그릇되고 왜곡된 뉴스에 오염될 때 더 필수적이다. 왜곡과 오염 속에서 판단력 없이 멋진 콘텐츠가 싹트기를 꿈꾸는 건 쓰레기통에서 장미꽃이 피기를 기대하는 것과 다르지 않다. 결국 '생각을 생각'하는 것이 답이다.

간결하면 우월하다는 착각

갈수록 문장이 짧아진다. 바쁜데 긴 문장을 읽느라 에너지를 소비하기도 귀찮다. 간결체의 매력이 새삼 강조된다. 핵심만 충분히 전달할 수 있다면 억지로 문장을 늘일 까닭도 없고 별 도움도 되지 않는다. 간결한 글이 우월하다. 이런 변화는 자연스럽다. 현대의 생활과 문명은 간결하고 정확하며 빠른 정보의 교환을 요구한다. 당연히 짧은 문장이 미덕이 된다.

말이 짧아지는 것과 비례해 글도 짧아진다. 이 또한 자연스럽다. 말과 글이 따로 떨어진 게 아니다. 음성으로 드러내면 말이 되고, 기호로 표기하면 글이 된다. 말과 글은 각각의 역할을 맡고 있으며 서로 보완한다. 그러나 갈수록 말이 중심이 되면서 문장이 짧아진다. 메시지나 메일을 주고받을 때는 여전히 글을 사용하지만, 이때의 글도 짧을수록 선호된다. 다른 글도 짧아진다. 심지어 글이 말보다 짧아지는 경우까지 이르렀다. 카카오톡 등의 메신저를 쓸 때는 최대한 축약해서 암호처럼 주고받거나 머리글자로 소통한다. 심지어 이보다도 짧은 이모티콘까지 일상화되었다.

1장 건조한 기호와 촉촉한 글자

사람의 감정은 매우 다양하고 미묘하다. 이를 어떻게 인식하고 생산하느냐에 따라 콘텐츠의 질과 양이 결정될 수 있다. 우리가 느끼고 생각하는 모든 것은 언어로 전환·환원되어 뇌에 전달되며, 뇌가 판단하고 반응하며 명령하는 것 또한 언어를 매개로 나타난다. 사람은 처음엔 감각 자체에 날것으로 반응하지만, 성장하면서 감각기관이 지각하는 것을 언어로 인식하고 언어의 형태로 저장한다. 늘 일어나는 일이라서 무심코 지나칠 수도 있지만, 지각은 반드시 언어로 치환하는 과정을 거치게 된다. 영상을 보거나 음악을 들을 때는 그 과정이 생략되는 듯 보여도, 사실 아주 빠르게 축약해서 반응하는 경우가 대부분이다.

우리는 일상생활에서 기본적 어휘의 언어로도 충분히 의사소통이 가능하다고 믿는다. 굳이 말이나 글이 아니어도 정보를 얻고 정서를 교환할 수 있는 영상매체가 다양하고 폭넓게 사용되는 환경은 이런 믿음을 가중시킨다. 이를 탓할 것도, 시시콜콜 따질 것도 없다. 필연적이다. 이를 최대한 만끽하는 건 우리의 권리이자 시대의 의무이다.

그렇다고 말과 글의 힘을 무시하거나 경시하는 건 어리석다. 우리가 비언어적 매개로 수용하는 다양한 콘텐츠들도 언어를 매개 삼아 뿌리내리고 성장하며 열매 맺은 것이기 때문이다. 따라서 말·글·영상 모두를 누리고 다독이면서 서로에게 윈윈이 되는 구체적이고 실용적인 전략을 모색해야 한다. 다만 사고력의 부족은 언어, 특히 글의 결핍에 기인하는 측면이 다분하다는 점은 주목하는 것이 좋다.

인류 역사 전체로 보면 글이 말을 지배했던 짧은 시기가 있었다. 멀리 잡으면 축의 시대The Age of Axis*부터고, 가까이 잡으면 서양에서는 르네상스 이후, 동아시아에서는 멀리 중국의 춘추전국시대**를 거쳐 첫 번째 통일제국이던 진秦의 시대, 가까이 잡으면 한漢의 시대와 이후쯤으로 잡을 수 있다. 그 짧은 시기가 글의 시대였다. 글을 아는 소수의 사람들이 권력을 장악했고 글로 지배했다. 동아시아에서 과거시험은 글의 경쟁이었다. 특별히 정치적 권력이 아니더라도, 다양한 분야에서 글의 이해와 생산은 모든 문명 영역의 권한을 얻을 수 있는 열쇠였다.

* 독일 철학자 카를 야스퍼스(Karl Jaspers)는 대략 기원전 8세기부터 3세기까지를 '축의 시대'로 명명했다. 이 시기에 석가모니, 공자, 소크라테스 등 여러 사상가가 한꺼번에 등장했는데, 야스퍼스는 이들이 철학과 종교에 다양한 영향을 미쳤을 뿐 아니라, 이 시기에 새로운 문명으로 전환되었다고 평가했다. 특히 그는 새로운 사상과 철학이 여러 곳에서 직접적 문화교류 없이 발생했다는 점에 특별히 의미를 부여하며, 이들 사상가들 사이에 공통적으로 떠오른 시대적 특징을 분류했다.

** 춘추전국시대는 기원전 770년경 주나라가 견융의 공격을 받아 천도한 뒤부터 기원전 221년 진(秦)이 중국 최초로 통일제국을 건국한 시기까지를 가리키며 중국을 형성한 시대로 평가된다. 고대부터 현대까지 이어지는 중국의 근간들이 되는 여러 이념과 제도가 쏟아져 나온 시기이기도 하다.

글의 보급과 소비가 단순히 권력의 영역에만 영향을 끼친 것은 결코 아니었다. 이는 훨씬 더 넓고 깊은 변화를 만들어냈다. 종이의 보급과 인쇄술의 발달은 글의 권력을 광범위하게 확장했다. 덕분에 소수의 전유물이던 책을 누구나 쉽게 얻을 수 있었고, 이에 따라 인간의 지적 능력은 엄청나게 확장되었으며 그 힘으로 문명을 급발진시켰다. 달리 말하자면 콘텐츠의 혁명적이고 폭발적인 확장이 이루어진 것이다. 그게 글이라는 권력의 정점이었다. 하지만 불과 몇 세기도 버티지 못하고 비언어적 매개가 그 독점을 무너뜨렸다. 그 시작은 사진과 영화였다.

영화는 19세기 말 출현했지만 20세기 들어서야 일반화되었다. TV는 1936년부터 본격적으로 정규 방송을 내보내면서 '상像'의 시대를 이끌었다. 안방에서도 영상을 마음껏 누릴 수 있게 되었다. 그래도 책과 글의 위력은 쉽게 사라지지 않았다. 여전히 글에 접근한 사람이 유리했고, 더 많은 것을 획득했다. 상의 시대를 대세로 이끈 것은 20세기 후반 인터넷과 휴대전화의 출현이었다(다만 영상에 전적으로 의존하지 않고 글이 다양한 형태의 아이템으로 제공된다는 점에서 TV와는 다르다). 이제는 거의 모든 영역에서 활약하는 유튜브가 그 최전선에서 위용을 떨치고 있다. 짧았던 글의 시대는 다시 상의 시대에 주도권을 넘겨주었다. 인터넷은 이전과는 다른 새로운 글의 시대를 연 채널이기도 했다. 핸드폰과 인터넷이 결합된 스마트폰의 출현은 이를 가속화했다. 언어는 갈수록 짧아졌다. 특히 글의 경우는 더더욱 그랬다.

언어의 길이는 사고의 길이를 결정한다. 무조건 말이 길다고 좋다는 뜻이 아니다. 과도한 언어의 축약과 언어경제성 의존의 습관은 어느 순간 긴 호흡의 사고를 막는다는 점을 기억해야 한다는 뜻이다. 이는 '생각을 생각'하는 능력을 위축시킨다. 결국 사고력과 사유의 능력이 퇴화된다. 이 지점이 문제의 핵심이다. 그냥 생각하는 건 즉시 이루어진다. 그러나 '생각을 생각'하는 데는 시간이 필요하다. 사유로서의 언어는 단순히 기능적이고 수식적인 언어가 아닌, 사유로서의 언어 능력을 따로 키울 때 생겨난다.

사고력의 부족이 단순히 '상'의 지배 때문만은 아니다. 이는 저장되지 않는 언어, 즉 지나친 구어 편향에서 비롯되는 경우도 많다. 말은 듣고 흘러가는데, 앞의 말을 새길 시간이 없다. 다음 낱말을 듣고 이해하고 '소비'하지만 이는 저장되지 않는다. '생각을 생각'하기 위해서는 시간이 필요하다. 그래서 '저장된' 정보체계가 유리하다. 빠르고 경제적이라고 무조건 좋은 게 아니며, 느리다고 늘 손해만 보는 것도 아니다. 필요 이상으로 빠를 때는 일부러 시간을 덜어내 느리게 생각할 수 있는 여유를 마련해야 한다.

1장 건조한 기호와 촉촉한 글자

문자와 글의 짧은 역사

'상(그림)'은 직관적instinctive이다. 기호로 변환하는 과정 없이 시신경을 통해 곧바로 해석된다. 문제는 저장과 전달이다. 상은 공유하거나 함께 볼 수 있는 매체가 필요하다. '눈'으로 볼 수 있는 도구가 있어야 한다. 그런 점에서 상은 의외로 조건이 까다롭다. 그래서 다른 방식으로 설명할 수 있는 부가적 수단이 필요하다. 그게 언어다. 언어는 기계적 수단을 비롯한 어떤 보조적 수단 없이도 소리와 기호를 통해 지식과 정보, 감정과 감각을 표현하고 교환할 수 있다.

세상에는 눈으로 볼 수 있는 사물들만 존재하는 것도 아니다. 이른바 '추상명사'로 불리는 수많은 생각, 느낌, 가치, 환상 등이 있다. 문명이 발달하면서 전달하고 교환할 정보가 늘어갈수록 이를 기록하고 저장할 수단이 필요했다. 그래서 대상을 그림으로 기록했고, 대상뿐 아니라 의미까지 어느 정도 전달할 수 있는 그림도 만들어냈다. 대상과 나를 이어주는 기본적인 행동들도 간단하게나마 그림으로 표현했다. 인류의 첫 글자인 그림문자가 그렇게 출현했다. 하지만 그리는 일은 번거롭고 제한적이기 때문에 최대한 간결히 기호화하기 시작했다. 이집트 등에서는 여전히 그림의 형태를 유지했지만, 중국에서는 그림을 기호로 전환했다. 그림문자에서 발전한 뜻글자의 출현이었다. 메소포타미아 일부 지역에서는 쐐기 모양의 문자도 나왔다. 여러 곳에서 다양한 형태의 문자가 나타났다.

고도의 메커니즘으로 구성되고 기능하는 문자체계는 이미 그 자체로 엄청난 사고력을 요구하며, 그 과정을 통해 치밀하면서도 다양한 사고 확장을 가능하게 해준다. 우리가 주목해야 할 점은 문자가 '만들어진' 것이라는 사실과, 그렇게 만들어진 체계가 빚어낸 사고체계의 관계성에 담긴 의미이다. 문자의 형성 방식과 사용 법칙에는 수많은 사람들의 동의와 약속이 따른다. 이미 그 자체가 하나의 어마어마한 '관계성'이며, 관계가 다양하고 복잡해지면서 콘텐츠의 비약적 확장이 가능해진다. 따라서 언어, 특히 문자는 '생각을 생각'하는 문제에서 매우 핵심적이다. 21세기 콘텐츠의 시대에 왜 이 문제를 본질적으로 재해석해야 하는지의 당위가 시작되는 지점이다.

1장 건조한 기호와 촉촉한 글자

상의 시대, 글자의 운명

글자는 기호의 조합이다. 뜻글자이건 소리글자이건 모두 기호체계다. 모든 말을 다 옮기진 못하더라도, 글로 기록하고 저장한다는 것은 엄청난 진보이자 발전이었다. 누구나 글을 배우고 사용할 수 있었던 건 아니다. 글은 극소수의 전유물이었다. 글은 이전의 모든 문명을 압축해 보관하고 전달할 수 있기 때문에 이를 선점한 사람이 승자가 되어 독점했다. 이런 측면에서 보면, 처음부터 글이 권력에 밀착하게 된 건 어쩌면 당연했다.

글을 배우는 데는 시간과 노력이 필요했고 쉬운 일도 아니었다.* 여기에는 동서양 차이가 없었는데, 예를 들어 교회가 지배하던 중세 유럽에서도 문맹인 사제들이 흔했다는 건 공공연한 비밀이었다. 이른바 '고급 보편어'라는 라틴어

---

* '문화군주'인 신성로마제국의 시조 카롤루스(샤를) 대제(Carolus Magnus)는 놀랍게도 문맹이었다. 평생을 전쟁터에 살았던 까닭에 글을 배우지 못했고, 이후 배우려 했으나 끝내 몇 글자만 읽고 쓰는 수준에 머물렀다고 한다.

는 소수의 지배계층만 사용할 수 있었다. 라틴어가 아닌 자국어로 출판한 성경도 허락되지 않았다.* 중국에서도 하층민은 거의 전부가 문맹이었고, 조선에서는 세종대왕이 한글을 창제한 뒤에도 한자를 사용할 수 있는 사대부들이 여전히 글과 책, 그리고 세상을 지배했다.

　읽고 쓸 줄 아는 능력이 생기자 지식과 정보의 양이 혁명적으로 증가했을 뿐 아니라 신분의 이동도 대규모로 이루어졌다. 이전에는 신분 이동이 거의 불가능했지만, 산업화 이후 교육을 통한 능력 개발과 성취로 재화를 획득한 경우 이를 바탕으로 신분의 이동이 가능해졌다. 그럴수록 글의 힘은 강해졌다. 좀 더 높은 수준의 삶을 가능하게 해준 교육의 요체는 글과 책이라는 점이 분명해졌다. 문해력文解力을 갖춘 사람들의 욕망은 치솟았다. 가히 글의 시대가 절정을 향해 내달리기 시작했다. 이러한 상황은 산업화를 수행한 대부분의 나라에서 비슷하게 전개되었으며, 심지어 후발 산업화 국가들도 마찬가지였다. 글을 통한 지식 습득은 신분 상승을 꾀할 수 있다는 점에서 교육의 대중화를 이끈 매력적 요인이었고, 이러한 교육의 대중화가 사회적 능력과

---

* 영국의 사제 윌리엄 틴들(William Tyndale)은 영어로 번역한 성경을 출판(독일의 보름스에서 인쇄)했다는 이유로 재판도 없이 이단으로 몰려 2년 동안 투옥된 뒤 화형당했다.

　1장 건조한 기호와 촉촉한 글자

국가의 힘으로 이어지면서 지식의 경쟁을 이끌었다.

글은 만들기도 배우기도 어렵다. 게다가 대강의 뜻은 담더라도 섬세한 내용을 담아낼 수 없어서 곤혹스럽기도 하다. 그럴 때마다 또 다른 기호가 만들어졌지만 완전하지는 않았다. 정보 전달의 기능과 역할은 어느 정도 해결되었지만, 섬세한 느낌이나 생각을 원하는 대로 담아낼 수는 없었다. 처음 만들어진 글들은 기본적인 정보만 충실히 담으면 족했을 것이다. 어차피 글을 아는 사람은 극히 일부에 불과했다. 더욱이 이들은 권력의 지분을 지닌 극소수에 속하거나 그럴 가능성이 있는 사람들이어서 함부로 대할 수 없었다. 그러니 글을 안다는 것은 이미 그 자체로 권력이었다.

글은 권력과 정보를 접속시키는 데 그치지 않고 당시로서는 콘텐츠의 혁명 이상을 불러일으켰다. 문자는 단순한 기호가 아니었으며, 그 기호에 담긴 모든 가능성을 바탕으로 이를 사용·교환하는 사람들의 관계를 확장시켰다. 또한 그 안에 담긴 내용이 한 개인을 넘어 다수에게 퍼지도록 만듦으로써 내용이 극대화되는 폭발력을 발휘했다. 글을 아는 사람과 그렇지 못한 사람의 삶의 방식과 내용의 차이는 이전의 신분 차이에서 오는 것들보다 훨씬 더 커졌다. 급기야 글은 신분체계의 낡은 틀조차 깨뜨렸으며, 이것들이 한꺼번에 응축되어 혁명으로 이어지기도 했다.

그렇게 몇 세기 동안 거의 전적으로 글이 세상을 지배했다. 글을 쓰는 사람이 여론을 형성하고 권력을 만들었다. 글을 읽는 사람이 사회를 변화시켰다. 글을 배우고 체계적으로 교육받은 사람들이 사회의 중심부로 편입되었고, 그 영역이 확대되었다. 그리고 글과 거의 상관없는 영화, TV, 라디오 등 새로운 미디어 도구가 출현했다. 다시 말의 시대로 물꼬를 틀 수 있는 계기가 마련된 것이다. 그러나 이를 생산하는 사람도, 재화를 획득하고 누리는 사람도 여전히 글의 힘을 공유하는 이들이었기에 글의 우세는 뒤바뀌지 않았다.

영화와 TV가 '상'의 시대를 촉발하긴 했으나 제한적이었던 반면, 컴퓨터와 인터넷 그리고 다양하고 신속하며 광범위한 네트워크 능력을 가진 여러 매체들의 출현은 기호, 즉 문자의 시대를 상의 시대로 빠르게 변화시켰다. 디지털 혁명은 모든 것을 바꿔놓았다. 거의 모든 지식과 정보가 끝없이 화면으로 교환되었고, 글의 위력은 빠르게 위축되기 시작했다. 예를 들어 예전에는 각 가정의 주방마다 요리책들이 놓여 있었지만, 이제는 요리책을 보는 이들은 크게 줄었다. 유튜브를 비롯한 여러 채널을 통해 요리법이 쉽게 전달되기 때문이다. 화면으로 보면 요리책을 볼 때의 답답함이 가볍게 해소되고, 직관적으로 이해하며 따라할 수 있다. 이제는 전문 지식에 관한 내용들조차 다양하고 풍부하며 깊이까지 갖춘 프로그램들을 '관람'함으로써 쉽게 '소비'할 수 있는 세상이 되었다. 상의 시대는 기호의 시대가 도저히 만들어내지 못하는 완벽하게 새로운 콘텐츠를 세상에 제공했고, 엄청난 소구력으로 대세를 장악했다. 새로운 역사가 시작된 것이다.

말로 전달할 수 있는 미디어(예: 라디오)를 넘어, 이제는 움직이는 장면까지 세밀하게 전달하는 다양한 미디어가 발전하면서 말의 힘은 갈수록 세졌다. 단순히 전달만 하는 게 아니라 저장과 재생도 가능해졌다. 이제 '기록하고 읽는', 글의 배타적 우월성은 사라졌다. 그러니 굳이 동경할 것도 없고, 아까운 시간을 들일 필요도 없다고 여기는 이들이 갈수록 많아진다.

하지만 현실은 정반대일 수 있다. 생각하는 것도, 생각을 생각하는 것도 언어를 매개로 이루어진다는 점은 달라지지 않기 때문이다. 언어라는 미디어(매개체)의 가장 강력한 힘은 바로 여기에 있는데도 이를 가볍게 여기는 경향이 있는 듯하다. 언어란 말과 글 모두를 뜻하며, 상대적으로 말의 힘이 세졌다고 글의 힘이 사라지진 않는다. 말과 글은 내용을 범주화해서 기호에 저장하고, 그 기호체계의 질서를 풍부하게 만들면서 의미를 확장하고 심화시킨다. 그 과정에서 콘텐츠의 씨앗이 자라난다. 언어, 특히 글은 콘텐츠의 세계로 이어주는 다리 역할을 한다.

1장 건조한 기호와 촉촉한 글자

언어의 이해력과 상상력

직관적인 감각기관들과 달리 언어는 비직관적이다. 말이든 글이든 내용을 해석할 수 있는 능력, 즉 이해력을 통해 수용 된다는 점에서 그렇다. 의미로 전환되지 못한 언어를 사용 할 수는 없기 때문이다. 언어는, 빛을 모아 아주 작은 구멍 으로 통과시킨 상이 어두운 방 벽면에 투사되는 원리로 작 동하는 카메라에서 조리개(어두운 상자camera obscura의 작은 '빛구 멍')와 같다. 카메라는 상像 미디어이지만 상을 담아내는 해 석은 매우 언어적인 메커니즘을 따른다. 같은 대상도 카메 라의 해석 방식, 즉 앵글, 조리개, 셔터 등의 역할에 따라 다 르게 표상되는데, 언어는 이 같은 앵글, 조리개, 셔터 등의 역할을 다양하게 수행한다.

언어를 단순히 정보 전달과 정서 교환의 매개로만 사용 하는 것은 언어의 넓은 영토 가운데 일부만을 사용하는 것 과 같다. 언어는 '대상-기호-언어-의미화'의 과정이 끊임 없이 이어지는 가운데 그 안에서 때로는 응축되거나 이완되 며 다양한 콘텐츠가 숙성된다. 말도 일종의 음성기호지만,

세밀한 의미에서 기호로서의 언어는 글이다. 이해력은 이 과정이 오류 없이 매끄럽게 진행될 때 발생한다. 아이들이 공부할 때 성적이 나오지 않는 건 글은 읽을 줄 알지만 뜻을 이해하지 못하기 때문이다. 기호를 소리로 전환하는 메커니즘은 갖췄지만 기호를 의미화하는 과정이 갖춰지지 않은 것이다.

기호를 의미화하는 과정에서 일어나는 응축과 이완은 단지 이해력 증대에 그치지 않는다. 모든 대상과 상황을 기호화하는 능력의 증진은 체계적·생산적 범주 체제를 구성하며, 이는 계속 확장된다. 그리고 이러한 확장에서 상상력이 싹튼다. 언어의 이해력과 상상력의 관계는 밀접하다. 콘텐츠의 증강은 그 과정에서 축적된다. 언어가 콘텐츠의 생산과 확장을 결정한다고 할 때, 언어는 단순히 매개체 개념이 아니다.

날마다 새로운 미디어와 콘텐츠가 만들어진다. 새로운 미디어 방식은 새로운 글의 수요를 만들어냈다. 예를 들어 이동통신은 음성을 통해 서로에게 필요한 지식·정보·정서·의도 등을 주고받게 했을 뿐 아니라 이를 문자로 전달할 수 있도록 보조 채널을 장착했다. 우리는 하루에도 수십 통의 '카톡'을 주고받는다. 전화(음성)로 주고받는 횟수보다 많은 경우도 흔하다. 카카오톡 등의 메신저 서비스와 다양한 SNS

　　　　　　　　1장 건조한 기호와 촉촉한 글자

에서는 계속해서 새로운 '문자'가 생산되고 유통된다. 이는 글인 동시에 말이다. 거기에 새롭게 '상'이 추가된다. 매우 간결하고 효과적인 문자들이 새롭게 만들어지기도 하고, 기존의 글이 축약되거나 비틀어지면서 새로운 의미로 확장되거나 전환된다. 어떤 이들은 이러한 현상을 개탄하고 비난하지만 이것이 기존의 언어체계 전체를 어지럽히진 않는다. 오히려 글의 힘은 새로운 방식으로 여전히 작동되고 있다.

글자를 배우는 건 쉬운 일이 아니다. 한글처럼 쉬운 글조차 배우지 못하는 사람들이 많았었다. 각각의 글자는 특정한 소리, 그리고 한자의 경우처럼 뜻을 담는 언어들의 기호이기도 하다. 그 체계와 관계, 용법을 모두 외우고 익혀야 한다. 무엇보다 글자는 '기호를 통한 약속'이다. 각각의 기호가 지칭하거나 의미하는 것을 이해하고 받아들여야 한다. 그리고 매번 그 기호와 지칭된 사물 혹은 의미를 연결해야 한다. '쓰는' 건 또 얼마나 번거로운 일인가. 우리가 이미 익숙해져 느끼지 못할 뿐이다. 글을 읽고 이해한다는 것은 결국 그 기호들의 조합이 지칭하는 것들을 머릿속에 그림으로 그려내는 일이다. 그리고 이를 기억장치인 뇌에 저장할 때는 그림과 기호가 함께 유입된다. 결국 '상-그림-기호-기호/그림'의 과정을 거친다. 상당한 에너지가 소모된다. 그러나 달리 대안이 없었고, 배움의 문턱만 넘어서면 엄청난 지식과 정보의 세계에 접속할 수 있었으며, 거기에서 권력과 부를 획득할 기회가 상대적으로 많이 제공되었다. 그래서 글의 우월성이 유지될 수 있었다. 이제는 그게 깨진 시대가 왔다.

글의 촉감

당연하지만 글보다 말이 먼저 생겼다. 그래서 말이 글보다 훨씬 더 양이 풍부하고, '기호의 제약' 없이 다양한 방식으로 생산되었다. 글이 말을 따라갈 수밖에 없다. 그뿐인가? 말은 성량, 고저장단, 어투, 어조 등과 함께 작동하며 다양하고 다채로운 감정과 함의를 담는다. 단지 얼굴을 맞대고 교환되어서가 아니라, 음성 자체가 글로는 도저히 담아낼 수 없는 내용을 지닌 것이기 때문이다. 또한 말의 사용자가 글의 사용자보다 월등히 많다. 더욱이 이전에는 상상도 못 하던 '상'을 통해 심화된 정보가 전달되고 교환된다.

그런데 말에서 비롯된 글은 독특한 능력을 통해 고유의 영역을 계속 확장했다. 기록과 저장이라는 차별성은 굳이 더 첨언할 필요가 없을 것이다. 그렇다면 어떤 점에서 글은 말과 다른 특성 혹은 장점이 있는가? 글을 '쓰는' 일은 단순히 기호를 형상화하는 데 그치지 않는다. 예를 들어 다음과 같은 문장을 쓴다고 가정해보자.

그 정원에는 다양한 모양과 색깔의 꽃들이 서로 경쟁하듯, 그러나 조화롭게 피어 끊임없이 벌들과 나비들이 찾아와 그 꽃들과 교감한다.

이 문장을 쓰기 위해서는 먼저 머릿속에 상황을 그려봐야 한다. 이는 일종의 초벌 그림이다. 그러고 나서 초벌 그림을 글로 쓰기 시작한다. 한 글자씩 써가자 그림은 좀 더 구체적이고 선명하게 나타난다. 아직은 기호라는 괄호 속에 갇힌 형태이지만, '정원'이라는 글자를 쓰면서 머릿속에는 다양한 정원의 그림들이 떠오르고, 그 가운데 하나를 고르거나 이것저것을 짝지어 구체화하게 된다. '모양과 색깔이 다른 꽃들'이라는 말은 막연하지만, 글자로 하나하나 옮길 때마다 훨씬 구체적인 상상의 그림으로 나타난다. '경쟁하듯, 그러나 조화롭게' 피는 꽃들이 상상의 정원 안에 배치된다. 그 꽃들을 향해 날아오는 벌과 나비의 모습은 어떨지, 무슨 꽃에 앉아 꿀을 찾고, 그 과정에서 꽃가루를 묻힌 벌과 나비가 또 다른 꽃에 생명 탄생의 단초를 만들어낼지 등에 대한 그림, 즉 생각을 덧붙인다.

기호는 건조하지만 글자는 촉촉하다. 글자를 쓸 때 이미 내 생각과 느낌 그리고 해석이 개입하고, 그 글자에 담긴 의미를 현실화하는 방향으로 문장을 꾸려간다. 글로 쓰

1장 건조한 기호와 촉촉한 글자

기 전과 후는 생각이 비슷해도 완벽하게 동일하진 않다. 막연한 것이 구체화되는(물론 기호인 글자가 완벽하게 구체적인 것은 아니지만) 과정은 짧지만, 거기에는 놀라운 응축이 존재한다. 때로는 글쓴이가 의도하지 않았던 것을 독자가 읽어내는 건 응축하는 사람과 풀어내는 사람의 차이 때문이다. 우리가 일상적으로 사용하는 말과 글에는 이러한 특별한 과정이 녹아 있다. 그런 것들이 쌓이면서 콘텐츠가 축적되고 강화되는 건 어쩌면 당연하다.

기호인 글자를 해독하고 파악하는 것이 이해력이다. 이해력이 없으면 글을 읽을 수는 있어도 뜻은 헤아리지 못한다. 문해력의 문제는 거기에서 비롯된다. 결국 이해력은 글자의 뜻을 깨닫는 일이다. 이해력으로 파악된 내용들이 저장되고 반응하면서 논리적인 힘이 배양된다. 뜻을 깨닫지 못하고 그 내용을 알 수는 없다.

어떤 이들은 이해력과 상상력이 별개의 문제라고 주장한다. 공부를 좋아하지 않거나 썩 잘하지 못하는데도 뛰어난 상상력을 발휘해서 세상을 깜짝 놀라게 하거나 엄청난 결과물을 만들어내는 사람도 있고, 멋지게 변화시키는 이들도 많다. 그러나 이해력과 상상력이 완전히 별개의 문제는 아니다. 상상력은 이해력과 연결된 지점에 있기 때문이다. 상상력은 하늘에서 떨어지지 않는다. 지속적으로 경험과 지식이 축적·연결·숙성되어 어떤 계기가 주어질 때 섬광처럼 불꽃을 일으키는 경우가 대부분이다. 이러한 지속적 경험과 지식이 수용되도록 하는 게 이해력이다. 그러므로 이해력은 상상력의 기초가 된다. 그리고 이러한 이해력의 기본 요소가 언어에 대한 인지능력이다. 풍부한 상상력을 발현하고 포착해서 구체화할 수 있는 힘은 바로 언어에서 배양되는 것이다. 이러한 상상력이 발현된 콘텐츠가 더 큰 매력을 갖는다. 언어와 콘텐츠는 무관한 게 아니라 오히려 밀접한 관계이다.

1장 건조한 기호와 촉촉한 글자

세계를 해독하는 유일한 방법

행복한 가정은 서로 닮았지만 불행한 가정은 모두 저마다의 이유로 불행하다.

흔히 글의 첫 문장이 중요하다고 한다. 그럴 때마다 이 문장이 소환된다. 바로 톨스토이Lev Tolstoy의 장편소설《안나 카레니나》의 첫 문장이다. 행복한 가정과 불행한 가정이 어떠한 모습으로 펼쳐질지, 이토록 압축적으로 보여주는 문장을 찾기 어렵다. 실제로 톨스토이의 시골 영지 야스나야 폴라냐 근처에서 한 여인이 기차에 몸을 던지는 사고가 있었고, 그 사건의 조사에 톨스토이가 참여하면서 소설의 모티프를 얻었다고 한다. 질투와 불륜이 개입된 사건이었다. 당시 톨스토이는 사회에서 사랑과 결혼의 역할이 무엇인지 진지하게 생각하면서 소설을 구상했다고 한다. 이 소설은 수차례나 영화로 만들어졌는데, 그 어떤 영화도 이 첫 문장을 언급하지 않고서는 도저히 영상으로 소화해내지 못할 만큼 이 문장의 임팩트는 엄청나다.

언어는 발음과 기호로 세계를 읽어내고, 다시 그 수단을 통해 세계를 재구성한다. 하나의 문장은 그 자체로 하나의 세계를 함축적으로 담아낸다. 세상의 모든 것은 변화하는데, 그렇게 움직이는 것을 고정된 상태로 잡아두는 것이 언어다. 그렇게 고정된 것이 새로운 방식으로 재해석되고 변화가 부여되면서 콘텐츠가 생겨난다. 영화나 드라마의 이른바 명대사라는 것들을 분석해보면 확연히 알 수 있다.

여자의 마음은 비밀이 차고 넘치는 바다란다.

영화 〈타이타닉〉에서 할머니가 된 로즈가 손녀에게 한 말이다. 이 한 문장이 긴 서사의 영화를 완벽하게 담아내고 있다. 이를 언어가 아닌 무엇으로 설명할 수 있을까. 어쩌면 이 문장 하나를 영화 끝자락에 끌어내기 위해 그토록 드라마틱한 서사가 펼쳐졌는지 모른다.

단 하루도 잊어본 적이 없어. 어떤 증오는 그리움을 닮아서 멈출 수가 없거든.

넷플릭스 드라마 〈더 글로리〉에서 주인공 문동은은 학교 폭력의 트라우마를 겪으며 17년 동안 복수를 준비한 끝

1장 건조한 기호와 촉촉한 글자

에 가해자에게 이런 대사를 던진다. 이 문장 하나가 드라마 전체를 관통하며 꿈틀거린다. 이 문장의 비장함은 영상이나 음향으로 도저히 소화해낼 수 없다. 기호로서의 문장은 건조한 듯 보여도 이렇듯 상상할 수 없는 수많은 것들이 함축되어 있다. 언어의 힘은 일상적으로 생각하는 것보다 엄청나게 크다.

자, 이쯤이면 언어가 단순히 지식과 정보 그리고 감정을 저장하고 전달하는 매개체에 머물지 않으며 그 이상의 것, 즉 무궁무진한 상상력과 구성력을 동시에 갖추었다는 점에서 콘텐츠의 핵심임을 새삼 느낄 수 있을 것이다. 언어가 세계를 해독하는 단 하나의, 혹은 여럿 가운데 가장 효과적이고 강력한 방법들 중 하나라는 말은 결코 과장도 호들갑도 아니다.

감각이 느끼는 모든 것, 지성이 깨닫는 모든 것을 고정시키고, 이 고정된 것들이 무한하게 움직이도록 만드는 힘이 언어의 매력이다. 여기에 탐구, 직관, 영감, 통찰, 상상력 등이 가미되면 폭발적인 잠재력이 분출되고 구현된다. 그게 바로 콘텐츠의 핵심이다.

2장

【 입의 말 vs 글의 말 】

시를 소리 내 읽으면

일상에서는 문자(글)를 통한 지식과 정보 그리고 감정의 교환보다 말을 통한 교환이 훨씬 더 크고 많다. 기호인 문자는 습득하는 데 시간과 노력이 필요하고, 커뮤니케이션 과정도 느리다. 무엇보다 문자는 보조적 수단이지 일차적 도구가 아니다. 이에 비해 말은 빠를 뿐 아니라 몸짓과 표정 등 보조적 수단이 동반된다는 점에서 매력적이다. 특히 다른 일을 하면서도 주고받을 수 있는 말은, 읽는 데 집중하느라 다른 일은 엄두조차 내지 못하게 만드는 글과 달리 이른바 멀티태스킹(병행처리)에 적합하다.

말은 고저장단이나 어투 등에 따라 의미나 의도가 달라지기도 한다. 충청도 사투리 '됐슈'는 일곱 가지의 뜻과 의도를 교환할 수 있다고 한다. 달랑 두 음절 낱말인데 어조와 어투만으로 그게 가능하다니 놀랍다. 심지어 말하는 사람의 시선과 음색도 한몫한다. 문장의 호흡이 짧으며 저장하지 못한다는 치명적 약점에도 불구하고, 말은 확실히 글보다 즉각적이며 다양하다는 매력이 있다. 분명히 글로는 도저히 표현할 수 없는 힘이 있다.

말과 글은 서로 배척하는 관계가 아니다. 오히려 서로 보완하며 나름의 장점을 덧붙이는 상보적 관계이다. 어느 하나가 절대적으로 옳다거나 더 낫다는 주장은 편협한 것이다. 말은 직관적이고 감정을 고스란히 전달할 수 있는 힘이 있는 반면, 글은 사유의 시간을 줄 뿐 아니라 사고의 호흡을 길게 만들어가도록 해준다. 또한 글은 말로 포착되지 않는 생각과 감정을 표상할 수 있다. 글을 읽는 것은 전적으로 모든 것을 나의 속도에 맞추는 일이다. 그런 점에서 글을 읽는 것은 매우 능동적이고 주체적이다. 글의 중요한 힘과 매력도 바로 내가 '주인'이 되게 해준다는 점에 있다.

지금은 거의 사라졌지만 자주 만나는 가까운 사이에서도 편지를 주고받을 때가 있다. 연인들이라면 더 그럴 것이다. 늘 얼굴 맞대고 많은 말을 하면서도 편지를 보내는 건 두 가지 이유 때문일 텐데, 하나는 '기록된' 말을 전하고 싶은 마음이다. '사랑해'라는 '말'은 시간 속에서 사라지지만 (그 순간의 감동까지 사라지진 않더라도), 그걸 '사랑해'라는 '글'로 써서 보내면 오래오래 기억된다. 보관도 가능해서 언제든 꺼내 읽으며 사랑의 마음을 더 애틋하게 느낄 수 있다. 또 다른 하나는 도저히 말로 표현할 수 없는 내밀한 느낌을 상대에게 전하고 싶은 마음이다. 글로 표현할 수 없는 말이 있

2장 입의 말 vs 글의 말

듯 말로 표현할 수 없는 글이 있다. 꼭 연인이나 가족 관계에서만 그런 것은 아니다. 사무적인 일을 말이 아닌 글로 전하는 것은 내용에 무게감을 주면서 핵심을 정확히 전달하고 확인하기 위해서다. 또한 일의 진행과 과정을 기록할 수도 있다.

특히 글을 기반으로 한 책은 지식과 정보를 파편적으로 흡수하는 것을 막고, 체계적·논리적·전체적 시각으로 해석하도록 이끌어준다. 책은 대개 어떤 분야에 전문가적 식견과 지적 토양을 쌓은 사람이 여러 해를 거쳐, 혹은 심지어 평생을 바쳐 자료를 수집하고 정리하며 특정한 주제를 탐구하고 해석하는 과정을 논리적으로 구성한 지적 산물이다. 따라서 책을 읽으면 단순히 지식의 조각이 아니라 일정 분야의 특정 주제에 대한 총체적 안목을 갖출 수 있게 된다. 그런 점에서 책이 잠시 위축될 수는 있어도 그 위상이나 가치가 소멸될 수는 없다.

TV의 예능 프로그램에서 자막을 곁들이는 건 단순히 말을 못 들을 거라 여겨서가 아니라 중요한 포인트를 환기시키기 위해서일 것이다. 물론 기본적으로 영상매체이기 때문에 자막(글)은 부수적 효과에 그칠 뿐이며, 때로는 자막 자체가 몰입을 방해한다는 불평도 있고, 맞춤법에 어긋나는 철자들이 너무 빈번하다고 비난받기도 한다. 그럼에도 자막을 올리는 건 '급소를 찔러' 즐거움의 포인트를 배가하고 각인하기 위한 전략으로 보인다. 이렇듯 말과 글은 서로 갈등하거나 배척하지 않으며 상보적이다.

말과 글이 가장 멋지게 호응하는 분야가 바로 시의 영역이다. 독특하게도 시는 기본적으로 글로 먼저 쓴다. 글로 쓴 것을 말로 읽는 것이 시 낭송이다. 시 낭송은 정확한 발음과 적절한 박자, 그리고 고저장단의 호흡을 충분히 살리며 글을 말로 발화하는 것이다. 낭송하는 사람은 시인의 의도와 정서를 파악하고, 자신의 정서로 소화하고 흡수하는 과정에서 시를 내면으로 수용한다. 이렇게 느끼고 이해하며 감동한 시는 발성을 통해 청중과 공유된다. 우리는 이런 경험을 할 기회가 거의 없이 성장한 까닭에 시 낭송의 즐거움과 힘을 누리지 못하고 눈으로 읽는 경우가 대부분이다. 하지만 시 낭송은 말과 글이 호응되는 가운데 각각의 멋과 맛을 누릴 수 있는 보물임을 잊지 않으면 좋겠다. 말과 글은 떨어지거나 배척하는 관계가 아니라 상보적이며, 나름의 독특한 역할과 장점이 있다. 이는 결코 훼손되거나 위축되지 않을 것이다. 짧은 시 한 편을 소리 내어 읽어보는 것으로도 이를 충분히 경험할 수 있다.

글의 힘

글과 말의 조화와 융합을 통해 더 많은, 그리고 뛰어난 콘텐츠를 생산할 방법을 찾는 것이 현재 우리에게 요구된 과제다. '글의 시대'가 끝난 게 아니라 '글의 지배 시대'가 끝났을 뿐이다. 인류 역사에서 그것은 짧은 기간이었지만, 이루어낸 성과는 결코 가볍지 않다. 그리고 지금도 여전히 글은 나름의 힘과 매력을 갖는다.

글의 힘은 섬세한 사유, 풍부한 감정, 다양한 감각을 강화하며 풍요롭게 만든다. 우선적으로 다루어야 하는 힘은 바로 '섬세한 사유'를 빚어내고 창조하는 힘이다. 글은 기록하고 저장하는 면에서 탁월하다. 물론 이제는 녹화 기능이 보편화되고, 재생의 속도도 사용자가 목적과 편의에 따라 정할 수 있는 시대이기 때문에 기록과 저장이 글만의 독점적이고 배타적인 힘이 되지는 못한다. 그렇다면 저장성은 더 이상 글의 고유한 특성이 아니게 되거나, 특별한 의미의 위치를 상실하게 될까? 얼핏 그렇게 생각할 수도 있겠지만, 나는 단호히 아니라고 대답한다.

일차적으로 글의 매력과 힘은 단순한 저장성이 아니라 '주체적 저장성'에 있다. 주체적 저장성이라는 말이 낯설 것이다. 살짝 관념적이고 먹물 냄새를 풍기지만 뜻밖에 간단한 명칭이다. 말은 상대가 말하는 속도를 따라가야 한다. 수동적이다. 그 짧은 시간에 의도와 속뜻 그리고 감정을 읽어내야 한다. 듣는 사람은 주도권이 없다. 이는 '상'의 경우도 크게 다르지 않다. 영화나 TV를 보다가 잘 이해되지 않는 부분을 천천히 설명해달라거나, 전혀 모르겠으니 다시 설명해달라고 요구할 수 없다. 물론 다시 보기를 통해 보충할 수 있어도 생방송으로 보거나 들으면서 재생할 수는 없다. 어쩔 수 없이 제공자의 속도를 따라가며 맞춰야 한다. 영상을 통해 내용 이해를 보완할 수 있다는 건 매력적이지만, 이 또한 여전히 제공자의 속도에 달려 있다. 게다가 '상' 자체는 이미 제공자가 자기 방식으로 '해석'해놓은 것이다.

반면 글을 읽을 때 그 속도를 결정하는 주체는 철저하게 독자인 나 자신이다. 이해가 어려우면 천천히 읽으면 된다. 모르면 그 부분을 다시 읽을 수 있다. 내용이 빤하거나 이미 알고 있는 것이라면 대충 훑어보거나 건너뛰면서 흐름만 파악해도 무방하다. 내가 속도를 주관한다는 점에서 주체적이다. 주체적 저장성이란 이처럼 글의 저장성과 그 글을 읽어내는 속도의 주체성을 함께 지칭한다. 그리 어려운 말이 아니다. 신현수 시인의 시집 《천국의 하루》에 수록된 시 〈바이칼의 사랑〉 중 다음의 구절을 보자.

칠흑 같은 밤
하늘에서 호박만 한 별들이
바이칼호수 위로
수직으로 뛰어들고
나도 저 별들을 따라
수직으로 뛰어들고 싶었던
당신 없는 바이칼의 밤

숨을 끊지 않고 한 번에 읽어나갈 수 있을 만큼 짧은 구절이고 내용이다. 그러나 글자는 낱말 하나 조사 하나까지 나름의 역할과 의미를 지니며, 읽을 때마다 같은 듯 다른 이해와 느낌으로 다가온다. '칠흑 같은 밤'은 상투적이고 진부하지만 배경의 시공간을 함축한다. 대개의 시가 그렇듯 시의 '맛'과 '뜻'을 제대로 파악하고 음미하려면 결코 빨리 읽을 수 없다. 영상은 이런 부분을 어느 정도 커버할 수도 있다. 그러나 글로 읽어서 얻는 것과는 다르다. 영상은 촬영 기기로 담아낸 것이지만 촬영하는 사람의 심안心眼, 審眼으로 해석한 것이다. 물론 내가 이해하고 느끼는 상은 또 다를 수 있다. 하지만 시청자는 기본적으로 기록된 영상에 끌려갈 수밖에 없다. 시인이 '호박만 한 별들'이라고 했을 때 받아들이는 이해와 느낌은 각자 다를 것이다. 익숙하고 평범한 낱말들조차 글로 만나면 다르게 느껴질 수 있다. 때로는 낱말 하나에 꽂혀 한참 동안 그 낱말을 쓰다듬고 벗겨내며 도닥일 수도 있다. 그것은 '나의 해석'이 된다. '당신 없는 바이칼의 밤'은 또 어떤가. 글이 아니고서는 이렇게 만나기가 결코 쉽지 않다.

그게 어디 시에만 해당될까. 시인이며 출판인이고 탁월한 산문의 작가이기도 한 림태주는《그토록 붉은 사랑》에서 이렇게 말한다.

> 쑥의 성정은 따뜻하고 쓰고 떫다. 봄이 쑥을 봄의 서막에 내보내는 이유가 있다. 겨우내 생장을 멈춘 동물의 혈관은 느리게 피가 돈다. 털가죽 부근의 지방층에 기름기를 보내려 모든 조혈기관이 집중한다.

나는 먼저 쑥을 떠올린다. 영상으로 제공되는 '하나의 쑥'과 달리 '내가 떠올린' 쑥은 다양하다. 그 가운데 마음에 드는 하나를 빠르게 선택한다. 그 자체가 나의 해석이다. TV에서 한의사가 나와 쑥은 따뜻한 성질 덕분에 몸의 어디에 좋고 특히 어떤 사람에게 적합한지 설명할 때 나는 그 정보에만 집중한다. 그런데 앞의 문장으로 만나는 쑥은 다르다.

'성정'이라는 말에는 '성질'과 다른 뉘앙스가 있다. '따뜻하다'고 할 때 나는 온기를 느끼고, '쓰고 떫다'고 할 때 나는 미각으로 상상한다. 이 문장에서 내가 떠올리고 짚어보며 상상하고 추론하는 것들이 꽤 많다. 하나에 갇히지 않는다. 이미 거기에서 글의 힘이 드러난다. '봄의 서막'이라는 말에서 나는 계절의 변화뿐 아니라 그 계절이 변하는 매 순간을 떠올린다. '서막'은 특정한 시간이 아니라 묶음이거나 느낌의 시간이다. TV 화면에서 보는 '정지된 시간'이 아니다. '겨우내'라는 시간 또한 마찬가지이다. '생장을 멈춘' 건 죽었거나 정지했다는 것이 아니라 평소의 활성보다 훨씬 둔화되었다는 의미임을 인지한다. '느리게' 도는 피의 순환 속도는 이미 상대적이고 주관적이다.

나는 갑자기 내 몸을 도는 피의 순환과 순환의 속도를 느낀다. 내 생명이 유지되는 한 당연히 혈액은 끊임없이 돈다. 그 순환은 에너지 소비를 최소화하기 위해 생명의 유지에 맞춰서 진행된다. 어떤 동물들은 그래서 동면에 들어갔다가, 봄이 되면 다시 활동할 시간임을 몸이 느끼고 움직이기 시작한다. 동물이건 사람이건 마찬가지이다. 심장에서 가장 멀리 있는 모세혈관에까지 혈액을 공급하기 위해 심장의 펌프질이 가속되고, 더 많은 피를 만들기 위해 모든 조혈 기관들이 유기적으로 움직인다. 글은 이러한 일련의 메커니 즘까지 함축하고 있다. 그 미세한 변화를 나는 글을 읽으면 서 경험한다.

'쑥-봄-몸'의 유기적 관계는 단순한 감상의 문제를 넘어 지식에 대한 놀라운 이해를 함축한다. 나는 글을 읽으면서 작가의 눈을 따라가기만 하는 것이 아니라 마음을 따라가고 생각을 만들어간다. 이는 공감 영역으로의 이행이다. 봄에 대한 작가의 단상이 빚어낸 단 4개의 문장에서 이처럼 엄청난 것들을 체감할 수 있는 건 단연코 글의 독특한 힘이다. 그 특별한 힘에 주목해야 한다.

4C와 콘텐츠

누구나 '콘텐츠contents'를 외친다. 그러나 정작 콘텐츠를 어떻게 배양하고 강화할 수 있는지에 대해서는 잘 다루지 않는다. 기성세대뿐 아니라 청년세대 역시 기존의 학습체계나 사회적 분위기에서 그러한 교육을 받고 자라지 못했기 때문이다. 이 단어가 친숙해진 중요한 계기 중 하나는 이른바 'K-컬처'의 세계적 확산 덕분이다. K-컬처의 절정은 BTS(방탄소년단)이다. 전 세계에 어마어마한 규모로 퍼져 있는 팬덤 아미ARMY는 그들의 노래를 따라 부르고 이젠 한글까지 익힌다. 해외의 한국문화원이 개설한 한글교실에 수강생들이 경쟁적으로 몰려들 만큼 대한민국의 콘텐츠 파워가 막강해졌다. 사람들은 자연히 콘텐츠의 힘을 실감하게 되었고, 콘텐츠를 생산할 수 있는 사람이 더 나은 몫을 차지한다는 확신이 강해졌다.

영화, 드라마, 음악 등에서 대한민국 문화의 힘이 융성한 것은 뿌듯한 일이다. 그런데 나는 이들이 한글을 배우려 한다는 사실에 특히 관심이 끌린다. 한 나라의 언어를 이해한다는 것은 그 나라에 대해 단순한 관심을 넘어 더 깊은 애정과 탐구심이 생긴다는 의미이니, 이해도와 관심의 너비와 깊이가 확장되기 때문이다. 콘텐츠의 생성에서 언어의 역할과 힘은 우리가 일반적으로 생각하는 것보다 훨씬 더 크다.

콘텐츠를 키우는 네 가지 요소가 있다. 각 요소를 뜻하는 영어 머리글자가 모두 'C'로 시작되기 때문에 '4C 요소'라 부르기로 하자. 바로 '비판적 사고Critical thinking', '소통과 공감Communication', '협업Collaboration', '창의력Creativity'이다. 이러한 요소들이 긴밀하게 연결되어 알찬 콘텐츠가 만들어진다. 이 책의 주제는 언어와 콘텐츠이므로 이 네 가지 요소를 언어의 측면에서 살펴보기로 한다.

비판적 사고의 언어

비판적 사고는 비난이나 일방적 비평이 아니다. 오히려 일방적·수직적 사고체계를 허물고 다양한 생각과 느낌을 장애물 없이 표현할 수 있다는 뜻이다. 생각과 감정을 마음껏 표현하지 못하고, 억눌린 채 명령을 받아들이고 수행하는 식으로 훈련된 사람이 자유롭고 창의적인 결실을 얻어내기는 어렵다.

언어에도 계급이 존재한다. 우리말만 그런 게 아니다. 단순히 존칭에만 해당되지도 않는다. 상류계층만 사용하는 언어가 있고, 하위계층의 독특한 속어도 있다. 계급마다 고유의 어법이나 어휘가 있다. 이렇게 계급에 따라 다른 방식의 언어를 사용하는 것은 그 자체로 특정 언어를 사용하는 집단을 구별하고 분리시키기도 한다. 이를 특수한 사례나 옛날이야기로만 볼 수는 없다. 예를 들어 현대 영어에서도 '소cow/ox', '돼지pig/swine', '양sheep'을 부르는 이름은 고대 켈트어에서 비롯된 반면 '쇠고기beef', '돼지고기pork', '양고기mutton'는 프랑스어에서 차용한 것이 그대로 굳어져 지금도 사용된다. 가축을 기르는 건 하층계급이나 피지배계급이었지만, 고기를 먹는 건 상류계급이나 지배계급이었기에 명칭의 뿌리가 다른 것이다.

예술사회학자 이라영은《말을 부수는 말》에서 주류의 시각에서 별로 주목받지 않았던 역발상적 질문을 던진다. 그래서 권력의 틈새에서 침묵'당하는' 언어의 사례들을 꺼내고, 거기에 내재된 우리의 왜곡된 사고를 비판한다. 백인과 결합한 가정은 '글로벌 가족'이라 부르면서 비백인과 결합한 가족은 '다문화 가정'이라고 부르는 등 미디어와 문학작품 등에서 권력의 영향 아래 왜곡되고 조장되어 온 표현들의 실체를 파헤쳐보면 이런 사례들이 꽤 많다.

아룬다티 로이Arundhati Roy는《우리가 모르는 인도 그리고 세계》에서 인도의 사례를 들어 '진보와 발전'이라는 단어가 '규제 철폐나 민영화'와 동의어가 되는 방식을 설명한다. 그는 "언어를 징발해 무기로 삼고 자신의 의도를 숨기는 것으로도 모자라 원래와 정반대의 의미를 부여하는 자들의 언어도단 기법이, 새로운 통치 체제의 제왕들이 거둔 가장 빛나는 전략적 승리"라고 날카롭게 비판한다. 그들은 자신들의 의도를 파악한 반대 세력에 대해 '반反진보', '반개혁', '반민족' 따위의 온갖 부정적인 단어로 왜곡해서 재갈을 물리고 소외시킨다는 것이다. 로이의 이러한 분석은 인도뿐 아니라 거의 모든 자본주의 체제에서 시장우선주의자 혹은 시장만능주의자에 의해 덧칠되는 이른바 '시장의 논리' 구조에서 고스란히 드러난다. 인도만 그럴까? 우리 사회에서 고용자가 마음대로 노동자를 해고할 수 있는 권리를 '노동 유연성'이라는 그럴듯하게 고약한 어휘로 둔갑시키는 것 또한 그런 사례의 하나다. 이런 것들이 바로 특정한 무언가를 대상화하는 언어의 폭력성이다.

왜곡되고 폭력적인 비대칭적 언어를 제조·유포하는 이들은 대부분 강자다. 차별과 억압을 가하는 가해자의 시선과 해석이 그 폭력성을 교묘히 포장해서 강요·고착화해 일반 언어의 범주에 밀어 넣는다. 그 언어가 우리의 일상에 뿌리내리면, 일부러 분석하고 오류와 편견의 속성을 비판하지 않는 한 그 폭력성이 모두에게 작동되고 유지될 뿐 아니라 강화되기도 하며, 다음 세대에까지 악영향을 미친다. 앞서 다룬 사례들만으로도 새로운 콘텐츠를 만들어낼 수 있다. 언어에 대한 비판적 사고도 그렇고, 비판적 사고에 대한 언어적 이해와 접근도 그렇다. 콘텐츠는 익숙한 것들에 균열 crack을 만들어내는 데서도 충분히 배양된다. 그 자체가 이미 하나의 비판적 사고다.

콘텐츠를 생성하고 배양하는 데 비판적 사고가 왜 필요한지, 그리고 어떤 분야에서 어떻게 작동되는지 따지는 것은, 기존의 수직적 체계와 거기서 비롯된 장해물, 즉 상명하달 방식의 사유체계와 사유방식을 제거하는 전제조건이기도 하다. 각자의 생각과 판단이 다를 수밖에 없으므로 충돌은 불가피하며, 이때 토론은 싸움이 아니라 더 나은 결론을 이끌어내기 위한 산고의 과정이다. 그러나 수직적 조직에서는 토론이 불가능하다. 일방적 명령뿐이다. 비판적 사고는 처음부터 물 건너간다. 따라서 수평적 조직과 민주적 운영은 비판적 사고의 필수적 조건이자 기본이다.

그럼에도 충돌하고 감정이 상하거나 반목할 여지는 여전히 남아 있다. 그런데 그 원인 가운데 하나가 언어의 부적절한 사용이라는 점은 가볍게 여긴다. 단순히 무례한 말이나 상대의 감정을 상하게 하는 언어의 문제를 말하는 게 아니다. 앞서 말한 것처럼 우리 사고에 켜켜이 쌓인 '불공정한' 언어가 고루하고 꽉 막힌 사고를 조장하지 않도록 그러한 언어들을 먼저 제거해야 한다. '언어의 수평성'이 마련되지 않는 한 의식의 수평성과 조직의 유연성이 생기기란 나무에서 물고기 잡으려는 것과 같다. 특히 최근 거의 모든 조직이 팀제로 바뀌고 있는 현실에 주목할 필요가 있다. 이는 IMF 체제의 혹독한 대가를 치르면서 우리 사회의 조직이 갖는 경직성과 비생산성을 자각하고 개편한 것이었으며, 그 핵심은 수평적 조직으로의 전환이다. 팀에서는 직급이나 권한의 계급장을 떼고 마음껏 의견을 제시·설명·설득할 수 있는 용광로 같은 토론 과정이 필요하다.

불공정한 언어뿐 아니라 부적절하고 무분별한 언어도 마찬가지다. 예를 들어 예전에는 신호등 색깔 중 하나를 '파랑'으로 부르고 가르쳤는데, 이제는 '녹색'으로 부른다. 우리의 전통적인 색 명칭에서는 녹색과 파란색(청색)을 함께 묶어 '파랑'으로 부른다고 하고, 사전에서도 어느 정도 용인한다고 말하지만, '녹綠'과 '청靑'은 엄연히 따로 존재했다. 아마 한시에서 각운을 맞추기 위해 혼용하면서 생긴 관행인지 모른다. 그게 일상에서도 혼용되는 방식으로 쓰였을 것이다. 이러한 방식이 사고의 혼돈을 초래한다. 명확하고 왜곡되지 않은 언어를 사용하지 않아야 대상과 사태를 명확하게 인식하고, 그에 대한 판단과 행동을 결정할 수 있다. 말

2장 입의 말 vs 글의 말

이 생각을 낳고, 생각이 행동을 결정한다는 건 단순한 상투적 표현이 아니다.

비판적 사고와 언어의 관계는 단순히 용어의 문제에 그치지 않는다. 언어는 사고의 작용과 형성에 영향을 끼친다. 그래서 상투적인 말이나 관용적 표현에 익숙해지면 언어를 보편적 동의의 영역에 욱여넣으려는 경향이 생길 수 있다. '로마의 평화Pax Romana'는 로마의 입장이고 정복자의 시선이다. 로마에 침략당하고 점령된 사람들의 입장에서도 그 말을 기꺼이 받아들일까? 태평양전쟁과 대동아전쟁은 같은 사건을 지칭하지만, 그 속내와 의도 그리고 끼친 영향은 전혀 다르다. 대동아전쟁이라는 명칭은 '일본의 평화Pax Japonica'의 다른 이름일 뿐이다. "콜럼버스가 신대륙을 발견했다"는 문장 또한 얼마나 위험한가. '신대륙the New World'이 아니라 원래 있던 대륙이고, 유럽인들이 불과 몇백 년 전에 대서양을 건너 그 존재를 보았을 뿐이다. '발견'이라는 말 또한 유럽인들의 시선이다. 엄밀히 말하자면 그들은 '초대되지 않은, 뒤늦은 방문자' 혹은 '침략자'였을 뿐이다. 미국에서 영웅시해오던 콜럼버스에 대한 평가가 최근 들어 바뀌는 것은 그런 비판적 사고에 따른 변화다.

비판적 사고는 내 생각이 잘못될 수 있다는 전제하에 모든 것을 열린 시각으로 바라보고 받아들이며, 옳고 그름을 가리고 따지면서 발전적 의견으로 나아가는 것이다. 그러기 위해서는 '닫힌 언어'가 아니라 '열린 언어'를 사용해야 한다. 닫힌 언어란 교조적이고 텍스트 추종적인 언어다. 단정적이고 배타적인 언어의 사용은 타인을 불쾌하게 하는 건 말할 것도 없고, 자기 자신의 생각도 닫아버리게 만든다. '반드시', '언제나', '절대로' 등의 부사도 가볍게 여겨서는 안 된다. 극단적인 경우까지 밀어보자. "신은 절대적이다"라는 문장을 백번 수용한다 해도, 이를 설명하는 방법이나 수단인 신학이나 교리가 절대적일 수는 없다. 즉, 신이 절대적이라는 것에서 그 신에 대한 설명인 신학이나 교리가 절대적이라는 점을 도출할 수 있다는 생각은 성급하고 위험하다. 이 문장 하나 깨뜨리는 데 천수백 년이 걸렸고, 그 껍질을 벗어나면서 비로소 유럽은 중세와 작별할 수 있는 중요한 전환점을 마련했다.

비판적 사고를 위해서는 언어의 한계를 인식하고, 이를 깨뜨리며 확장하고 변용할 수 있는 유연성을 공유해야 한다. 언어는 범주의 체계를 통해 세련되게 변하고 그 힘을 강화할 수 있지만, 스스로의 울타리에 갇힐 위험성도 동시에 내포한다. 그러므로 자유롭고 유연한 언어의 수용과 교환이 비판적 사고의 핵심요소가 되는 건 어쩌면 당연한 일인지도 모른다. 수직적 폭력성과 일방적 명령체계에서 콘텐츠가 싹

2장 입의 말 vs 글의 말

틀 수 없다.

소통과 공감의 언어

비판적 사고와 언어의 영역에서는 글말이 중심이었다
면, 소통·공감·협업 언어의 영역에서는 입말이 중심이 된
다. 창의성 언어의 경우 입말과 글말이 대등하게 균형을 이
룬다고 할 수 있다. 말은 자신의 의지를 타인에게 드러내는
행위이기도 하다. '의지' 혹은 '의도'라는 말에 논설문이 떠
오를 수도 있지만, 모든 언어가 다 그렇다. 자신의 의지가
담기지 않은 문장은 없다. 어떤 것을 설명하거나 감정을 표
현하는 짧은 문장에도 의지가 담겨 있다. 언어는 의지와 의
도를 표현하는 동시에, 이를 수용하는 행위의 중요한 매개
이고 수단이다. 그래서 자신의 의도가 상대에게 전달되지
않거나 왜곡되어 수용되면 좌절하며, 올바른 정보와 감정을
전달하기 위해서 말을 비롯해 보완할 여러 방법을 모색한
다. 의도와 의미가 상대에게 제대로 전달될 때 비로소 소통
이 가능하다.

소통의 사전적 의미는 '사물이 막힘 없이 잘 통함'이다.
'막힘 없이' 통하는 데도 기술이 필요하다. 흔히 화술을 다
루는 분야에서 이 부분을 특별히 강조하며, 가장 멀리하라
고 언급하는 게 일방적 자기주장이다. 그것은 불통이다. 여

기에는 무언가를 얻고자, 혹은 무엇이 되고자 하는 욕망이 깔려 있다. 심리학적 분석에 따르면 큰 소리로 외치는 사람은 상대가 내 말에 귀 기울이지 않을 거라는 생각 때문에 그렇다고 한다. 그건 소통이 아니라 배설 또는 발산이며, 일종의 언어적 폭력이다. 화술은 말주변을 키우는 게 아니라 자신을 각성하고 상대를 이해하는 데서 비롯된다. 일방적인 것은 소통이 아니다.

커뮤니케이션의 일차적 의미는 말과 더불어 기호나 신호로 전달되는 지식·정보·의견이다. 직접적 이해관계가 얽힌 연결은 커넥션connection인 데 비해, 연결은 되어 있지만 이해관계에 덜 얽매인 건 커뮤니케이션communication이다. 커뮤니케이션은 인간이 생존과 바람직한 사회생활을 영위하기 위해 외부적으로 나타내는 의사표시라 할 수 있다. 커뮤니케이션은 사회적 행위의 양식이다. 각 개인은 커뮤니케이션을 통해 자기 외부에 존재하는 사회의 규범을 습득하고, 또 이에 적응하게 된다. 즉, 상징적 과정을 통해 다른 이들과 의미를 공유하고, 다양한 기호에 내재된 사회적 규범과 원리를 체득함으로써 심리적 주체인 자아와 사회적 객체로서의 역할을 형성한다. 이런 경우 커뮤니케이션 행위를 조절하는 주체가 바로 자아이다. 소통과 언어의 관계는 생각보다 복잡하고 다양하며, 이를 잘 분석하는 것만으로도 콘텐

2장 입의 말 vs 글의 말

츠를 산출할 수 있다.

갈수록 소통을 강조하는 것은 역설적으로 우리에게 소통의 문화가 익숙하지 않다는 점, 그리고 그런 방식으로는 이제 더 나은 사회와 삶을 실현하기 어렵다는 점을 알고 있기 때문이다. 나이를 따지고 지위의 고하를 견주며 돈의 많고 적음에 따라 판단하고 거기에서 비롯된 언어로 교환하는 건 소통이 아니다. 상대의 인격을 존중하고 배려하며 경청하는 것이 소통이다. 그런 소통은 단순한 정보와 정서의 교환이 아니라 증강과 협업의 방식이다. 그게 콘텐츠의 배양과 강화의 시작이다. 소통이 그저 조직을 좀 더 활성화하는게 아니라 더 풍부하고 유익한 콘텐츠를 길러낸다는 점에 주목하지 않으면 소통의 중요한 요소를 잃는 셈이다.

소통을 뜻하는 영어 'communication'의 어원은 '공동체'다. 그 말뿌리는 '공유하다', '함께 나누다'라는 뜻의 라틴어 'communicare'다. 흔히 소통은 누군가와 정보와 감정을 교환할 때의 외적인 면과 사회적인 면 둘 다를 가리키지만, 일차적 소통은 나 자신과의 내적 관계를 통해 일어난다. 소통은 내 마음에 나의 공간을 만들어내는 것이다. 그리고 나의 공간이 상대를 받아들이는 게 공감이다. 나의 공간이 없는데 상대를 받아들인다는 건 아부나 위선에 불과하다. 이 관점은 곧 다루게 될 자아 확장력과 밀접하게 연결된다. 커뮤니케이션은 나의 감정과 상황, 경험을 상대와 함께 나누는 '공감'에 기초한다.

공감을 부쩍 강조하는 것은 듣기 좋은 말을 하라는 뜻이 아니다. 커뮤니케이션이 단지 소통만을 의미하진 않는다. 공감 능력은 다른 사람의 심리나 감정 상태를 잘 읽어낼 수 있는 능력으로, 우리는 뇌의 거울신경 덕분에 다른 사람의 아픔에 수반되는 감정을 같이 느낄 수 있다. 공감empathy은 동정심sympathy과 다르다. 동정심은 상대의 고통이나 슬픔을 나의 그것들처럼 느끼는 것, 즉 상대방의 감정을 동일하게 느끼는 것이다. 그런 상대는 대부분 약자이다. 그와 달리 공감은 상대의 입장과 감정을 '이해'하는 것이다. 공감은 상대방과 자신을 명확히 구분하기 때문에 상대방의 감정에 압도되거나 동화되기보다는 그 마음을 이해하려 한다. 어떤 사람이 힘들다고 자신의 처지를 털어놓을 때, 동정심을 가진 사람은 "어쩜 좋니, 큰일 났네"라고 함께 한탄하며 그 짐을 덜어낼 방법을 모색하는 반면, 공감을 가진 사람은 "많이 힘들겠구나. 그 심정 나도 알 것 같아"라고 표현하거나 조용히 상대를 껴안아주는 행위로 나타내는 경우가 많다.

우리는 자신을 동정하는 사람보다 공감하는 사람에게 끌린다. 동정은 때론 쓸데없는 간섭과 원하지 않는 도움으로 내 자존감에 상처를 입힐 수 있지만, 공감은 내 일을 스스

2장 입의 말 vs 글의 말

로 해결할 수 있도록 응원해주기 때문이다. 물론 나의 힘든 처지를 하소연하고 의견을 듣고 싶은 마음은 자연스럽다. 하지만 상대가 내 영역(그것도 나의 약점이 가득한)에 틈입하는 것은 나의 약함을 들키는 것 같다. 때론 팔 걷고 나서서 함께 행동해주는 것이 당장에는 도움이 되고 마음에 들 때도 있지만, 정작 나의 주체성과 자존감에는 흠집을 낼 수 있음을 알기 때문이다. 그래서 공감 능력을 키우려면 자신을 되돌아보는 시간을 가져야 하고 자신을 확장시켜야 한다. 이러한 자아 확장력은 다른 사람과 연결되어 있다고 느끼는 것으로, 이는 공감의 원천이기도 하다. 즉, 소통 능력과 공감 능력, 그리고 자아 확장력이 함께 증대할 때 커뮤니케이션 효과가 극대화된다.

"그 사람은 커뮤니케이션 능력이 떨어진다"는 말은 이전에는 심각한 지적으로 받아들여지지 않았지만 이제는 최악의 평가가 되었다. 자신의 생각과 느낌을 제대로 전달하지 못하는 것은 첫째, 그것들에 대한 자신의 정확한 인식이 정리되지 않았기 때문이며, 둘째, 그것을 표현할 언어 능력이 부족하기 때문이다. 그리고 셋째, 상대를 하대하거나 무시하는 태도가 동등한 위치에서 같은 눈높이로 보려는 것을 막기 때문이다. 수직적 사회에서는 커뮤니케이션 능력이 있는지 여부가 중요하지 않다. 위에서 명령하고 아래에서 수행하면 끝나는 시스템에서는 상호교환적인 커뮤니케이션 능력이 소용없기 때문이다. 그러나 수평적 조직에서 커뮤니케이션 능력이 떨어지는 사람은 걸림돌이 될 뿐이고, 시너지 효과를 끌어올리는 데 아무 역할도 못할뿐더러 해만 된다. 공감이 배제된 협업은 무력하다.

이해건 공감이건 그걸 밖으로 표현하고 교환하는 건 언어라는 점에서 그 중요성은 아무리 강조해도 지나치지 않다. 물론 비언어적 교감도 많다. 표정뿐 아니라 영상을 매개로 한 교감이 갈수록 늘어나고 있으며 일상이 된 지 오래다. 그럼에도 여전히 언어를 통한 교감과 공감은 비언어적 교감을 강화하고 더 풍부하게 만들어주는 밑바탕이 된다는 점에서 축소되거나 무시될 수 없다. 그런 밀접한 연관성을 강화하고 확장하는 것 자체가 콘텐츠의 강화와 확장으로 이어지는 건 너무나 당연한 일이다.

협업의 언어

"한 명의 천재가 만 명을 먹여 살린다"는 말은 이제 낡은 구호가 되었다. 아무리 뛰어난 사람도 컴퓨터나 인공지능AI의 능력을 능가하지 못한다. 그래서 이제는 보통 사람 열 명의 지성이 모인 결합이 훨씬 더 많은 결실을 낳고, 더 많은 사람들의 힘이 합쳐질수록 배가되는 것에 주목한다.

공감 없는 협업은 살 없는 뼈와 같다. 뼈대는 있어도 알맹이가 없다. 협업이 제대로 이루어지기 위해서는 소통하고 공감할 수 있는 채널을 마련하는 일이 시급하다. 이는 조직에서만 해당되는 것이 아니다. 언어에서도 협업의 영역이 있다.

협업은 일정한 목표를 달성하기 위해 일시적으로 팀을 이루어 함께 작업하는 일이다. 최근에는 '협동', '제휴', '공유' 등의 의미로 다양하게 쓰이며 여러 분야에서 폭넓게 수행되고 있다. 특히 마케팅에서 각기 다른 분야의 지명도 높은 브랜드 둘 이상이 협업해 새로운 브랜드나 소비자를 공략하는 경우가 점증하고 있으며, 음악에서도 여러 아티스트들이 일시적으로 팀을 이루는 작업이 일상사가 되었다. 피처링이나 프로젝트 밴드는 대표적인 협업의 방식이다.

언어에서 협업이 이루어지는 대표적인 케이스는 사회관계망서비스SNS에서 해시태그를 통해 공통의 관심사를 가진 개인들이 모여 특정한 인물·대상·사건 등의 의미와 가치를 확산하는 경우이다. 협업의 언어가 활성화되려면 자신만의 주장을 강요하거나 상대의 의견을 무시하고 묵살하는 수직적 위계와 관습적 태도를 버려야 한다. 앞서 소통과 공감의 언어를 제시한 것은 그게 없으면 협업이 무망하기 때문이다.

명령어나 단정적 문장은 언어의 협업에서 장애가 될 뿐

이다. 나이 든 사람들이 걸핏하면 꺼내드는, "나 때는 말이야" 따위의 말은 협업은커녕 괴리감을 키울 뿐이고, 마음의 문을 닫게 만든다. 단정적 문장보다는 개방적 문장이 그 장벽을 허물 수 있다. 예를 들어 "이 문제는 이렇게 풀어야 해"라는 말보다는 "나는 이 문제를 이렇게 접근해서 해결하는 방법도 효과적일 것이라 생각해"라는 말이 낫다. 거기서 한 발 더 나아간다면 "너는 어떻게 하는 게 좋을 거라고 생각해?"라고 묻는 게 좋다. 단정하는 게 아니라 의견을 제시하고, 다른 방법도 수용할 수 있다는 태도가 담긴 문장은 자기 생각을 제시하길 주저하는 구성원들에게 자신감을 줄 수 있다. 그러나 나의 주관적 생각이나 느낌에 대해 책임지고 싶지는 않다는 의도가 담긴 말, 예를 들어 우리가 흔히 쓰는 "나는 그렇게 하는 게 좋을 거 같다"는 문장은 예측이 아니라 자신감의 결여 혹은 책임의 회피가 담긴 말이기도 하므로 특별한 경우를 제외하면 가능한 한 피하는 게 좋다.

　토론이 활성화된 조직이 훨씬 높은 생산성을 보이는 까닭은 그 과정을 통해 여러 위험 요소를 제거할 수 있고, 기존의 방식에 따르는 경로의존성path dependency에 매달리지 않으며 새로운 방법을 모색하고 그 가능성을 세밀히 검토해 실현 가능성을 높일 수 있기 때문이다. 그런 토론은 협업의 힘을 키우는 언어들의 집합이다. 간단히 말해 협업의 언어 혹

2장 입의 말 vs 글의 말

은 언어의 협업을 위해서는 더 많은 문장을 모을 수 있고 의사와 판단을 교환할 수 있는 언어들이 최대한 집적될 수 있는 조건을 마련해야 한다. 그러기 위해서는 수정 불가능하고 단정적인 언어의 횡포를 배격해야 한다. 수정 불가능하고 단정적인 언어란 '절대로'나 '무슨 일이 있어도'처럼 완벽하고 완전한 말들로 유혹하는 언어이다.

일단 그런 말들을 걸러낸 '열린' 언어와 문장을 받아들여야 다른 문장들을 수용하고 결합할 수 있다. 단정적인 언어는 얼핏 일사불란하고 짜임새 있는 사고체계를 형성하는 듯 보일지 모르지만, 오히려 자발적 참여와 의사의 개진을 스스로 포기하게 만든다. 마치 언어의 내부 검열과도 같다. 검열제도가 해로운 것은 외부로부터 강압적 통제와 억압이 가해지기 이전에 스스로 알아서 걸러내고 복종하는 내부 검열을 하게 만들기 때문이다.

협업은 한 사람의 탁월하고 독자적인 능력이 아니라 서로 이해·공감·협력하는 연대를 통해 이루어진다. 단순히 뭉치는 것이 아니라 의제agenda를 통찰·공유하는 새로운 관계의 정립이다. 의제 설정은 협업에서 핵심적 요소이다. 그리고 이를 문장으로 압축할 수 있을 때 모든 집적된 언어들이 그 안으로 스며들고 녹아든다. 그 문장을 뽑아내는 것이 바로 협업의 정수이며, 이는 콘텐츠를 이끌어내는 견인차이자 길잡이가 된다. 협업의 언어는 바로 이렇게 구성된다.

사람들은 원하는 일, 잘하는 일, 해야만 하는 일을 가려내면서도, 궁극적으로는 이 셋을 일치시켜 사람에 집중하고 비전을 공유하도록 의지를 깨우는 콘텐츠에 반응한다. 삶에 대한 당위를 논리적으로 설명하며 공감을 이끌어내는 매력을 지닌 콘텐츠는, 꿈과 현실이 이율배반적인 것이 아니라 조화롭게 달성될 수도 있다는 희망을 품게 만드는 의제를 담는다. 이는 그저 그런 달콤한 유혹이 아니라, 진지하게 고민하고 성찰하며 더 멋진 미래를 우리 손으로 이루어낼 수 있다는 궁극적 가치가 공유되는 의제다.

협업의 언어는 언어의 기술적 측면을 이야기하는 것이 아니다. '말하는 기술'은 지엽적이다. 협업의 언어는 말하는 기술을 논하기 전에 공감하고 공유할 수 있는 지속적 의제를 설정하는 언어다.

창의성의 언어

° 픽사와 디즈니의 성공 비밀

창의성creativity이란 어떤 문제에 대한 새로운 해결안, 새로운 예술 대상이나 형태 등에 적용되는 말이다. 전통적인 사고방식에서 벗어나 새롭고 독창적인 것을 만들어내는

2장 입의 말 vs 글의 말

능력을 뜻한다. 창의성은 구호로 그치는 게 아니다. 창의성이 얼마나 중요한지를 깨달은 영국 정부는 실제로 1997년에 '창의성 산업creative industry'을 증진시킨다는 목표를 내세워 '창의성산업특별위원회Creative Industries Task Force'를 설립했다. 그 결과, 놀랍게도 영국은 창의성 산업이 GDP의 8퍼센트를 차지하게 되었을 뿐 아니라 유럽 디자이너의 30퍼센트를 배출하는 '창의성 강국'이 되었다. 그리고 이제 '창조' 혹은 '창의성' 강조는 예술의 영역에만 국한되지 않는다.

픽사Pixar의 신화를 만들고 디즈니 부활을 이끌었던, 디즈니 애니메이션의 전 CEO 에드 캣멀Ed Catmull은 책《창의성을 지휘하라》에서 특유의 창의적 협업 시스템과 소통 방식 등 픽사 기업문화의 핵심 DNA를 디즈니에 안착시켰던 사례를 설명한다. 이를 통해 창의성은 구호로 이루어지는 것이 아니라 구체적이고 혁신적이며 매력적인 발상 전환에 기인함을 잘 보여주었다. 많은 콘텐츠 기업들이 외부 아이디어와 인재를 채택했다가 제작이 완료되면 관계를 정리하는 것과 달리, 픽사는 내부 직원들의 아이디어를 조직적으로 발전시키며 모든 작품에서 신선함과 독창성을 잃지 않는 '자가발전식 창의적 기업'으로 성장했다. 수백 명의 아이디어와 견해를 집약하고 수렴해 고도의 '집단창의성' 작업이 가능할 수 있도록 하기 위해 창의성의 주체인 사람을 최우선에 둔 인재경영을 선택한 것이다. 그래서 직급과 직위에 구애받지 않고 말단사원부터 간부까지 솔직하게 소통하며 최적의 협업 조건을 만드는 수평적 문화를 구축할 수 있었다. 캣멀은 이렇듯 경직된 조직문화와 비효율적 소통구조를 개혁했을 뿐 아니라, 훗날 픽사를 인수한 디즈니가 픽사의 복제판이 아니라 고유의 정체성과 색깔을 지킬 수 있도록 만들었다. 그게 바로 창의성의 밑바탕이며 원동력이었다.

이러한 시스템을 통해 캣멀은 제작 과정에서 아이디어와 견해가 막힘없이 흐르면서도 무질서하지 않게 하나의 완성도 높은 작품이 탄생하도록 유도했다. 그의 말에 따르면 "창의성이란 독립적인 존재가 아니며, 수십 명의 사람들과 수만 가지의 의사 결정을 통한 결과물이다." 캣멀은 이를 '픽사식 집단창의성 시스템'이라고 부른다. 흥미로운 점은, 캣멀이 유타대학교 대학원에서 컴퓨터공학을 전공할 때 그의 지도교수이자 컴퓨터그래픽의 선구자였던 아이번 서덜랜드Ivan E. Sutherland가 제자들이 자율적으로 연구하되 서로 긴밀히 소통하고 협력하며 혁신의 불꽃을 일으키는 법을 깨우치도록 한 사실이다. 놀랍게도 이 학생들은 훗날 넷스케이프, 어도비 등을 창업하고 윈도우 개발을 주도하는 IT 업계 초창기의 거물들이 되었다.

회사의 핵심 멤버들과 제작팀이 한자리에 모여 영화 제

2장 입의 말 vs 글의 말

작 초기 단계부터 마지막까지 미흡한 점과 개선점을 토론하는 '브레인 트러스트brain trust' 회의는 픽사에서 처음 시작되어 디즈니 애니메이션에서 강화되었다. 이 회의는 세 가지 조건을 내걸었다. 첫째, 발언권은 모두에게. 발언자의 직급은 중요하지 않으며 모든 참가자는 공평한 기회를 갖는다. 둘째, 감정적 비난 금지. 부하 직원이 내용에 대해 어떤 비판을 해도 상관없지만 감정적 비난은 금물이다. 셋째, 플러싱 plussing 룰. 발전할 수 있는 아이디어를 더해plus줄 수 있어야 한다. "안 돼"나 "틀렸어"가 아니라 "그렇군요"나 "그렇게 생각할 수도 있겠네요"라며 아이디어를 일단 긍정하고 받아들이도록 한다. 그러기 위해서는 모든 참가자들이 서로를 철저하게 신뢰해야 한다. 신뢰라는 심리적 안정감이 있어야 서로를 이해하는 상태에서 건설적 비판이 가능하기 때문이다. 이러한 방식은 조직이 확신을 가질 때까지 되먹임(피드백)을 거듭함으로써 발전하는 협업이다. 그런 언어를 키워야 한다.

캣멀은 창의성과 사람을 따로 떼놓지 않는다. 창의성의 바탕은 사람에 있다고 본 것이다. "좋은 인재를 육성하고 지원하면 그들이 좋은 아이디어를 내놓는다"는 간단한 원리가 픽사 경영 모델의 근간임을 강조했다. 캣멀은 일사불란하고 빠른 시스템 아래에서 감독과 시나리오 작가가 내놓는 번뜩이는 아이디어와 스토리로 캐릭터를 창조하고 작품화하는 기존의 방식과 달리, '더럽게 형편없는' 첫 스토리와 시제품에서 시작해 괜찮은 상태로, 괜찮은 상태에서 훌륭한 상태로 개선하고 피드백하는 시스템의 과정에서 창의성이 발현된다는 점을 입증해 보였다. 완성품은 비집고 들어갈 틈이 없다. 그래서 아예 시작을 '더럽게 형편없는' 것에서 출발하게 한 것이다. 당연히 '더럽고 형편없는' 말들이 오갔을 것이다. 그런데 그게 창의적 언어로 진화한다.

픽사에서 작품 스토리가 단번에 만들어진 경우는 한 건도 없다고 한다. 이른바 '브레인 트러스트 회의'라는 자문단을 통해 계속 분석·비판하고 피드백되는 가운데, 구성원들이 스토리 흐름을 분석해서 솔직한 의견을 전달하면 점차 좋은 방식으로 개선됐다. 때로는 스토리가 수십 차례 수정되면서 기본 뼈대만 남고 완전히 새로운 줄거리로 만들어졌다. 집단창의성이 발현되는 좋은 본보기인 셈이다. 그는 직원들이 자기 의견을 말해도 괜찮다고 생각하게끔 유도하려 노력했다.

여기서 우리가 주목할 것은, 창의성의 언어가 협업의 과정에서 억압되거나 무시되지 않고 오히려 적극적으로 수용되고 권장되는 문화가 정착되었다는 점이다. 창의성의 근간이 사람에 있다는 것을 인식하더라도 정작 각 개인에게

2장 입의 말 vs 글의 말

자유와 자율성을 부여하지 않는 문화라면 공염불에 불과하다. 자유로운 개인이 철저하게 보장되고 수용될 수 있을 때 창의성의 언어가 활성화되기 때문이다. 캣멀이 협업과 창의성은 불가분 관계임에 주목하고 파고든 것은, 이것이 상충한다고 오해하는 통념이 여전히 작동되는 데 대한 비판적 인식에 토대를 둔 것으로 보인다. 《창의성을 지휘하라》속 캣멀의 말은 소통의 언어와 창의성의 언어를 동시에 함축한다.

> 나는 모든 임직원에게 직위나 시간에 상관없이, 누구든 문책받을 걱정하지 말고 다른 임직원에게 자유롭게 얘기하라고 말했다. (…) 직원들끼리 직접 소통하고 나중에 상관에게 알리는 편이 '적합한 절차'와 '적절한 지휘계통'을 거쳐 정보를 교환하는 것보다 효율적이다.

° 창의성을 이끌어내는 언어

창의성과 언어의 관계를 언급할 때 새로운 언어를 창조한다거나 창의성의 언어가 따로 있다는 뜻으로 말하는 건 아니다. 번뜩이는 표현, 감동과 희열을 주는 낱말, 기발한 발상, 묵직한 공감을 이끌어내는 문장이 있긴 하나, 기본적으로 모든 언어는 창의적이다. 물론 스스로 그 창의성을 버리는 경우도 있다. 거의 모든 분야에서 복제·복사·표절을

금기시하는 것은 나의 언어와 생각이 아니라 남의 것들을
베끼고 퍼뜨리는 일이 결국 창조적 능력을 거세시키기 때문
이다.

언어에서도 상투성 혹은 진부함을 가리키는 표현들이
꽤 많다. '진부한 표현'을 뜻하는 클리셰cliché는 원래 인쇄 연
판을 뜻하는 프랑스어이다. 영어의 '스테레오타입stereotype'
도 고정을 뜻하는 '스테레오stereo'와 활자를 뜻하는 '타입
type'의 결합어로, 인쇄에서의 조판 양식을 가리키는 말이었
다는 점에서 동일하다. 그때그때 조판하는 수고를 덜도록
자주 쓰이는 단어에 대해 '따로 조판 양식을 지정해놓은 것'
이다. 이는 '틀에 박힌 표현'이라는 한국어 관용구와 어원
이 비슷하다. 이는 처음 등장했을 때 신선했지만 많은 이들
이 인용하고 반복하면서 진부해진 표현들을 가리킨다. 그렇
다고 다 무의미하거나 무가치하다는 뜻은 아니다. 이는 그
보편적 함의가 여전히 유효하다는 방증이기도 하다. 하지만
그런 표현들을 무의식적·상투적으로 사용하면 자연스럽게
다른 표현이 제한·억압된다는 점을 가볍게 보지 말아야 한
다. 같은 어휘나 문장도 맥락과 함의에 따라 전혀 다른 의미
로 소비될 수 있다. 그걸 가능하게 하는 것은 창의적 사고방
식 또는 사유체계이다.

창의성을 이끌어내고 강화하는 언어가 단순히 독특한

2장 입의 말 vs 글의 말

표현, 격려와 칭찬의 말은 아니다. 오히려 끊임없이, 그리고 두려움 없이 묻고 또 물으며 그 질문의 답을 함께 찾아갈 수 있도록 개방적 관계를 가능하게 해주는 역할이 핵심이다. 기존의 가치관이나 의식구조에 비춰 불합리하거나 생산적이지 않다고 섣불리 판단해 배격하고 깎아내릴 게 아니라, 거기에 질문을 더하고 지루할 만큼 토론할 수 있는 프로세스의 언어를 만들어야 한다. "나 때는 말이야" 부류의 '라떼 꼰대'뿐 아니라 "내가 해봐서 아는데" 따위의, 언어의 싹을 도려내는 '꼰대적 언어폭력'을 경계하고, 개방적·수용적이면서도 실패에 가혹한 고과를 부과하지 않는 유대감을 키울 수 있는 언어가 창의성, 특히 집단의 창의성을 이끌어낸다.

창의성과 언어라는 주제의 첫걸음이자 궁극적인 단계는 '질문하는 힘'이다. 답을 알고 있으면 편하다. 텍스트를 추종하는 것은 크게 두 가지 이유이다. 하나는 이전의 사람들이 만들어낸 가장 안정적이고 보편적인 결과물이기 때문에 그것을 토대로 지적 영역을 구축하는 것이 안전하고 예측성도 높기 때문이다. 다른 하나는 그것을 획득하는 과정에서 치른 값을 가장 빠르게 지속적으로 보상받을 수 있다는 믿음 때문이다. 그래서 기존 위계에 편입되는 순간 텍스트의 사회적 힘으로 나의 위상을 높일 수 있다고 여기며, 실제로 그렇게 작동되는 모습을 목격한 후 거기에 충성하게 된다. 이른바 나이가 들면 보수적 성향이 된다는 건 그런 프로세스에서 연유한다. 하지만 기존의 텍스트는 '남이 만든 것'이다. 그것이 아무리 안정적이고 보편적 동의를 얻었다손 치더라도 내가 개입할 여지는 없다.

창의성은 구호가 아니며 쥐어짠다고 나오는 것도 아니다. 먼저 닫힌 생각을 깨뜨려야 하고, 그걸 억누르는 분위기를 타파해야 한다. 창의성의 언어는 질문에서 시작된다. 질문의 힘은 '깨뜨리는 것'에 있다. 기존의 것에 쉽게 동의하거나 순응하지 않고 묻고 도발하는 힘이다. 어떤 생각이건 자유롭게 언어로 표출할 수 있어야 하고, 그 자리에서 즉각적인 판정을 내리지 않으며 기다려줄 여유가 있어야 한다. 생각으로만 이루어지는 게 아니라 언어로 명시되고, 여기에 동의할 수 있는 환경을 만들어야 한다. 이는 평면적인 문제를 입체적으로 바라볼 수 있는 힘을 이끌어낸다. 그게 바로 창의성의 힘이고 매력이다.

우리의 모든 사고는 언어의 방식으로 이해되고 교환되며 수용된다. 따라서 언어의 방식을 변화시키는 것만으로도 생각이 바뀐다. 일상의 언어들도 파고들어가면 촘촘한 층위가 쌓이고 얽혀서 구성되었다는 걸 발견하게 된다. 갈수록 언어도 다양해지고 새로운 언어들이 출현한다. 그러나 기존의 언어를 다른 각도로만 바라봐도 새로운 의미가 드러나

고, 몰랐던 의도를 발견할 수 있으며, 이전에 시도하지 않았던 해석이 가능해진다.

이는 색깔을 표현하는 낱말을 잠깐만 생각해봐도 쉽게 경험할 수 있다. '하늘색'*은 다양한 하늘을 표현할 수 있는 색깔은 아니다. '살색'은 다양한 피부가 존재하는데도 내가 속한 다수의 피부색에 가까운 색으로 설정하는 매우 인종차별적인 언어이다. '살구색'은 정확히 어떤 것을 지칭하는가? 완전히 익은 살구? 그렇다면 그보다 덜 익은 살구는? 이런 것들은 우리의 심리에 억압적 기제를 만들어내고 다른 생각이 끼어들 여지를 허락하지 않는다. 폐쇄적이고 배타적인 언어 속에서 집단창의성이 나오길 기대하는 것은 "우물에서 숭늉 찾는 격"(이것 또한 클리셰!)이다. 물론 언어의 의미 교환성을 위해서는 어느 정도 그런 표현이 허용될 수 있다. 그러나 이것이 절대적으로 여겨지거나 하나의 교조dogma로 굳어져 버리면 다양성을 말살하게 된다. 그런 사고방식이 창의성을 말살할 수도 있다는 점에서 언어의 경직성은 가볍게 볼 문제가 아니다.

언어는 사고의 설계도면과도 같다. 정면도, 측면도, 배

---

* 이제는 별로 쓰지 않지만 여전히 통용되는 '소라색'은 일본식 표현이다. '소라(そら)'는 하늘, 비어 있음 등을 뜻하는 일본어이다.

면도를 비롯해 위에서 내려다보는 도면 등을 함께 바라보아야 어느 정도 건물의 윤곽이 잡힌다. 각 도면은 하나의 낱말에 대한 다른 서술과도 같다. 같은 대상이나 사건을 규정하는 용어도 누가 어떻게 어떤 의도로 만들고 쓰느냐에 따라 달라진다. '광주사태'라는 중립적 혹은 책임 회피적 용어와, '광주민주화운동'이라는 가치 평가가 개입된 용어의 차이는 극명하다. 같은 사건을 어떻게 부르느냐는 단순히 권력의 문제가 아니라 의식의 문제와도 직결된다. '사태'라는 말에는 중립적인 듯하면서 부정적인 시각이 개입되어 있다. 어떤 일이 벌어졌다는 점에서는 중립적이지만, 책임을 감추고 이 용어의 뒤에 숨으려는 의도가 있다는 점에서는 부정적이다. 그것은 가해자와 방관자의 언어이다. 내가 언어의 설계자인 경우는 별로 없다. 그러나 설계도면은 읽어낼 수 있다. 설계도는 평면이지만 이를 읽어내는 것은 입체적이다. 이는 언어의 창의성에서 중요한 관건 중 하나이다.

언어의 창의성은 언어의 응축과 이완에서 쉽게 경험된다. 대표적인 경우가 바로 시이다. 시는 모국어의 글밭이자 정신과 영혼의 집이기도 하다. 시를 읽는다는 건 단순히 기호화된 문자를 읽고 지식과 정보를 얻는 것이 아니라, 평소에 주목하지 않았던 무언가를 시인의 눈으로 예리하게 읽어내고 해석하는 것이다. 그런 점에서 시는 언어의 새로운 발

2장 입의 말 vs 글의 말

견인 동시에 발견의 새로운 언어이다. 시를 읽으면서 응축의 매력과 힘이 어떤 것인지 느끼게 되고, 시 한 줄 낱말 하나하나를 나의 감정과 해석으로 풀어내는 이완이 얼마나 놀랍고 무한한 가능성으로 확장될 수 있는지 깨닫게 된다. 이렇듯 자유롭게 응축과 이완을 반복하면서, 그저 하나의 기호에 불과한 시어가 어떻게 콘텐츠의 생산과 확장에 적용될 수 있는지 고려해보는 건 흥미로운 일이다.

　　난다는 것은 목구멍이 쓰라린 일이다.
　　쓰라림을 참고, 목구멍에 굳은살 박이는 일이다.

　　(…)

　　우리는 더러 모래 씹듯 밥을 삼키지만
　　새들은 매 끼니마다 모래를 삼키고 있는 것이다.

　　손택수 시인의 시집《호랑이 발자국》에 나오는 시〈새들은 모래주머니를 품고 난다〉의 첫 연과 마지막 연이다. 어려운 말 없고 흔히 말하는 '감탄할 만한 시어'의 배치도 없다. 그런데 언어 너머에 있는 어떤 묵직한 것이 뻐근하게 느껴진다. 난다는 것과 산다는 것은 무관하지 않다. 날기 위해

뼈의 속을 비워서 무게를 줄여야 하는 새는 이빨도 없어 먹이를 빠르게 제 몸속에 넣는다. 그걸 모래주머니가 잘게 부순다. 시인은 날 수 있는 적정 체중을 유지하기 위해 제 이빨을 모두 뽑아버린 자들로 새의 운명과 처지를 일치시킨다. 나에게 "목구멍에 굳은살 박이는" 일은 무엇일까, 그게 일상적인 삶인가를 묻는다. 어떤 장문의 글도 설명하지 못하는 것을 시인은 짧은 문장 몇 개로 응축했다. 그 응축은 단순한 경제성과는 전혀 결이 다르다.

　콘텐츠가 4C의 과정을 통해 형성된다는 것은, 콘텐츠의 언어가 바로 그 4C의 언어로 거듭날 수 있어야 한다는 것과 크게 다르지 않다. 그 지점에 오래 머무르고 주목해야 할 것이다.

짧으면 위험하다

갈수록 개별화되는 삶의 방식과 사회의 파편화 현상에 따른 소외는 자연스럽게 고립과 불통의 상황을 만들어낸다. 이 때문에 사람들은 자신의 삶과 사회적 역할이 축소되거나 왜소해진다고 느낀다. 코로나 팬데믹은 비대면의 관계를 일상으로 만들면서 이러한 현상을 심화시켰다. 그럴수록 소통의 문제가 사회적 관심사가 된다. 소통의 단절은 쉽게 폭력성과 연결되고, 고립은 심화된다. 이는 언어적 소통의 단절과도 직접적인 관계가 있다.

요즘은 일상의 대화에서 욕이 거의 빠지지 않는다. 욕설이 아니라 상투적인 강조어라고 착각하기 때문에 죄책감도 별로 없다. 'x나'는 '졸라'나 '열라'로 슬쩍 비틀고 변용하면서 그 어원 따위에는 관심조차 없기 때문이다. 하지만 어떤 상황에서나 욕설은 듣기 거북하고 불편하며 불쾌하다. 상대에 대한 배려나 존중감이 전혀 없고 폭력적이기 때문이다. 그런데 정작 왜 욕설을 하는지, 그게 언어폭력을 넘어서 어떤 문제를 안고 있는지에 대해서는 별 관심이 없거나 무지한 경우가 많다.

　어른들도 그렇기는 하지만, 아이들은 왜 그토록 일상적으로 욕을 할까? 여기에는 몇 가지 요소들이 있다. 첫째, 심리적으로나 정신적으로 스트레스를 받거나 화가 나는 상황에서 그 감정을 언어로 표현할 수 없거나 그 감정의 실체를 정확하게 인식하지 못하는 경우다. 언어로 표현하지 못한 분노가 곧바로 욕으로 대체되는 것이다. 둘째, 예전과 다른 생활 방식 때문이다. 같은 동네에 살고 같은 학교 같은 반에 있는 친구가 나를 불쾌하게 하거나 화나게 했을 때 당연히 같이 욕하거나 싸운다. 그런데 학교를 마치고 골목이나 놀이터에서 만나 어울리면서 그런 관계가 불편하다는 걸 깨닫고 어지간하면 참으려 노력하거나, 놀다 보면 어느새 불편한 앙금이 쉽게 사라진다. 그런데 요즘은 학교 끝난 뒤 놀이터에서 노는 게 아니라 각자 학원에 간다. 학교 밖에서 부딪힐 일이 별로 없다. 그러니 굳이 나중 일을 고려해 참거나 묵히지 않고 감정을 표출한다. 셋째, 일종의 위악僞惡적 태도이다. 위선만 나쁜 게 아니다. 위악은 자신이 세 보이기 위한 행위일 때가 많다. 이런 점들을 고려하지 않고 아이들에게 무조건 욕하지 말라고 하는 건 본질적 해결책이 되기 어렵다.

　이보다 더 심각한 욕설의 위험성이 있다. 바로 욕은 거의 다 짧다는 점이다. 감탄사와 함께 욕설은 가장 짧은 문장이다. 감탄사가 의도와 상관없이 표출되는 것이라면 욕설은 의도적으로 드러내는 표현이다. 단말마 같지만 욕은 엄연한 문장이다. '나' 혹은 '너'라는 주어가 빠지고, 모든 수식어가 생략되며, 분노의 감정을 하나의 낱말로 뱉어낸다. 이런 '문장'을 습관적으로 사용하면 긴 문장과 거기에 딸린 여러 언어적 표현은 거세된다. 다양한 표현 따위는 거추장스럽고 불편하며 짜증난다. 그러니 반복적으로 욕설에 의존한다. 이런 습관은 결국 인격을 망치고 인성을 피폐하게 만들 뿐 아니라 자기 언어를 황폐화시킨다. 콘텐츠의 측면에서 이는 엄청난 손실이다. 콘텐츠를 생성하고 강화하는 가장 중요한 요소인 문장이 빈곤해지는 건 결국 콘텐츠 생산력을 스스로 거세하는 결과를 낳기 때문이다. 좋은 미래와 더 나은 삶이 멀어진다.

욕설은 분명 언어적인 겉모습을 띠고 있지만 실제로는 비언어적 표현에 가깝다. 물론 내적 감정의 응축을 짧은 언어로 드러내는 것이긴 하지만, 일종의 배설 혹은 토설에 가깝다. 그러니 잠깐 마음을 가다듬고 내 안에서 치솟아 오르는 분노와 멸시의 감정을 차분히 하나하나 언어로 치환해보자. 감정의 배설을 언어로 대체할 수 있다면, 감정을 기형적으로 억압하거나 왜곡하지 않고 내 분노와 멸시의 실체를 하나하나 확인하고 객관화하며, 다른 방식으로 전환하거나 대체할 방법을 찾을 수 있게 된다.

욕설은 언어적 소통이 제대로 수행되지 못할 때 나타나는 퇴행적 변종 현상이다. 그렇다면 우리는 언어적 소통을 어떤 식으로 수행하고 있는가? 나는 힘의 계보에 따른 질서에서 빚어지는 언어들이 언어적 소통을 훼방하는 요소 중 하나라고 생각한다. 윗사람이나 강자가 아랫사람이나 약자에게 권위적이고 억압적인 언어를 거리낌 없이 구사하는 건 일종의 폭력이다. 그들의 언어는 대개 명령문이다. 이 명령문을 권유형 문장으로만 바꿔도 훨씬 매끄러운 쌍방향 소통이 가능해진다.

언어적 소통에서 또 하나 주목해야 할 것은 누구나 이해할 수 있는 쉽고 간결한 말을 사용하는 것이다. 지나치게 어렵거나 잘 쓰지 않는, 특정 직업군에서나 쓰는 말을 아무렇지도 않게 쓰는 것은 소통을 방해한다. 일제강점기에 들여온 일본어들도 꽤 많다. '삭도索道'라는 말을 이해하는 사람은 그리 많지 않다. '한국삭도주식회사'는 얼핏 '삭도'를 '削刀'로 착각해 칼끼 만드는 회사로 오해하기 쉽지만, 남산 케이블카를 운영하는 회사 이름이다. 이때 삭도란 공중을 건너질러 설치한 강철선에 운반기를 매달아 화물이나 사람을 운반하는 장치로, '가공삭도架空索道'의 줄임말로서 케이블카를 지칭한다. '삭도'는 한자어라서 중국에서도 흔히 쓰이지만 우리가 이 말을 들여온 것은 일제의 영향 때문이다. 법률용어 또한 대부분 이 시기에 들여온 한자어들이다. 이제는 거의 쓰지 않아 낯설지만 여전히 아무렇지도 않게 '그들만의 리그'에서 사용된다. '구거溝渠', '시건施鍵'을 '도랑', '잠금'으로 아는 이들이 얼마나 될까. '돌봄/간병'을 뜻하는 '개호介護', '신고'를 뜻하는 '계출屆出' 따위의 말들도 여전히 법률용어로 사용된다. 법조인들에게는 자신들만이 알아들을 수 있어 배타적 우월성을 느끼게 해주는 말일지 모르나 일반인들에게는 그 뜻이 짐작조차 되지 않는 말이다. 그러니 법률에 의한 소통은 허공의 외침일 뿐이다. 모든 언어가 보편적 소통을 이끄는 건 아니다.

우리는 흔히 비언어적 표현이라 할 때 주로 표정이나 몸짓을 떠올린다. 물론 그게 가장 큰 부분을 차지한다. 전화 등 비대면 대화에서 완벽하게 대화를 이해하기 어려운 건 비언어적 표현을 읽어내지 못하기 때문이다. 비대면에서는 상대의 얼굴을 보면서 분위기나 의도를 빠르게 파악할 수 없으며 기껏해야 뉘앙스로 읽어낼 뿐이다. 그러나 우리가 주목해야 하는 비언어적 표현이 표정이나 몸짓만은 아니다. '분위기를 파악한다'거나 '공기를 읽는다'(이 말도 사실 일본식 표현이다)고 할 때처럼 익숙하지 않은 상황에 들어섰을 때의 비언어적 표현을 떠올려보자. 사람들과 공간이 주는 흐름과 분위기를 통해 상황을 읽어내고 어떻게 처신할지 결정할 수 있다는 뜻이다. 그곳에 있는 장식품의 성향 등도 하나의 중요한 기호가 될 수 있다. 언어만 기호가 아니다. 언어라는 기호의 힘이 워낙 강력하고 폭넓어서 그렇지 언어 이외의 기호는 도처에 있다.

　　언어에도 비언어적 요인들이 들어 있다. 말과 글의 차이는 발성과 기호에만 있는 게 아니다. 예를 들어 라디오를 청취할 때처럼, 꼭 대면하지 않아도 음의 고저와 장단, 그리고 억양에 따라 같은 말도 전혀 다른 의미와 감성으로 다가올 수 있다. 앞서 말한 공감의 측면에서 보면, 말에서도 서로의 속도를 조절하는 것이 공감이라는 점에 주목할 수 있다. 이 또한 넓은 의미에서 '말'의 비언어적 소통에 해당된다. 글 또한 행과 연을 바꾸는 것, 그리고 공간을 띄우는 것 등도 일종의 비기호적 소통 방식이다.

시간이 유령이 되는 순간

사람들에게 묻는다. "당신을 사물에 빗대어 설명해보세요." 대부분은 잠시 뜸을 들이다 별로 주저하지 않고 대답한다. "나는 코스모스와 같아요." "나는 곰과 같습니다." 그러면 나는 다시 묻는다. "이번에는 '○○처럼' 혹은 '○○ 같은' 말을 빼고 설명해보세요." 이번에는 쉽게 답하지 않는다. 한참을 고민한 뒤 어렵사리 입을 연다. "나는 동그라미입니다." "나는 고등어입니다."

왜 이런 차이가 나타날까? 앞의 대답은 이른바 '직유법'의 설명이다. 이 대답에 그리 큰 고민과 시간이 걸리지 않은 건 내 특징 일부와 사물의 특징 일부 혹은 대표적 특징의 연결이기 때문이다. 뒤의 대답은 이른바 '은유법'의 설명이다. 나의 전체적 특징과 사물의 전체적 특징을 총체적으로 연결해야 하기 때문에 고민하느라 쉽게 대답을 내놓지 못한다. '부분 대 부분', '전체 대 전체'의 대응과 교섭이 어떻게 작동되는지, 이러한 방식이 어디에 어떻게 적용되고 응용될 수 있는지 탐색해보면 뜻밖에도 많은 것들을 발견하게 된다. 이 또한 중요한 콘텐츠가 아닐 수 없다. 직유와 은유의 구조와 작동방식에 대한 이해만으로도 많은 것을 얻을 수 있다.

우리는 국어 시간에 '○○처럼', '○○같이'가 나오면 직유, '○○(이)다'로 서술되면 은유라는 식으로 기계적 정답을 주로 학습했다. 정작 수사법이 어떤 역할을 하는지, 그 내용과 전달이 어떻게 달라지는지, 그것을 보는 방식이 어떤 콘텐츠로 이어질 수 있는지 등은 놓친다. 그러니 대통령이 공적인 자리에서(2023년 교육부 업무보고) 자신은 국어가 재미없었다며 우리말을 뭐하러 또 배우냐고 태연하게 발언하는 일까지 벌어진다. 그러나 은유나 직유를 비롯한 수사법에 대해 조금만 살펴보면 어떤 사고와 반응을 이끄는지 쉽게 알 수 있다. 말 하나 글 한 줄의 힘이 결코 가볍지 않다. 좁쌀 하나에 우주가 담긴 것처럼.

은유隱喩, metaphor란 넌지시 비유함을 뜻한다. 사전적 의미로는 "비유법의 하나로, 행동, 개념, 물체 등을 그와 유사한 성질을 지닌 다른 말로 대체하는 일"이다. 사실 은유와 직유의 배타적 구분은 우리가 학교에서 학습한 것과 달리 경계가 명확하지 않을 수도 있다. 은유를 생략된 직유 혹은 직유의 생략형으로 보는 견해가 이에 해당된다. '○○이다'와 '○○같이'의 차이가 크지 않으며, 단지 비교어가 생

2장 입의 말 vs 글의 말

략·발전된 것이 은유라는 것이다. 그러나 은유의 대표적 특징은 바로 은유가 원래의 관념들을 상호작용하도록 만들어 이전의 관념과는 다른 새로운 관념을 만들어낸다는 점이다. 시에서 은유를 많이 사용하는 건 바로 이런 작용 때문이기도 하다. 이는 단순히 유사성을 나타내는 것이 아니라 일련의 연상을 일으키고, 더 나아가 그 자체로 아름다움뿐 아니라 시의 중심 개념이 되고 지배적 상징이 되는 원동력이다.

　"시간이 쏜살같이 흐른다"는 표현은 은유를 통해 "시간이 날아간다" 혹은 "시간은 블랙홀이다"로 바뀔 수 있고, 시어에서는 "시간은 발뒤꿈치 있는 유령"으로 사용될 수 있다. 은유의 가장 큰 특징이자 매력은 산문적 비교의 합리성에 머무르지 않고, '시간'과 '유령'을 동일시하거나 융합해 둘 모두의 특성이 모두 함축된 새로운 것을 만들어낸다는 점이다. 이는 딱딱한 논리와 합리성 자체를 뛰어넘으며 새로운 것으로 변환하되, 의미와 특성을 오히려 확장하는 무기가 된다. 이렇듯 시에서 은유는 유사성이나 연상 작용을 넘어서며 은율적 아름다움과 지배적 상징을 관통하는 축의 역할까지 맡게 된다. 이는 시에만 국한되지 않는다. 생텍쥐페리Antoine de Saint-Exupéry의 《어린 왕자》를 읽으면서 얻을 수 있는 가장 큰 자산 중 하나는 은유이다. 이 작품 자체가 거대한 은유다. 은유가 머리에서 가슴으로 가야 비로소 이

작품을 해석할 수 있다. 콘텐츠가 거대한 스토리텔링에서만 비롯되는 건 아니다. 이런 작은 관찰에서 움트고 성장한다. 진정한 서사는 그렇게 만들어진다.

시의 은유를 얘기하면, 은유는 특정 분야에서 사용될 뿐 나의 일상과 직접 관계되지 않는다고 여길지도 모른다. 그런데 사실 일상의 많은 용어들에도 수많은 은유들이 쓰이고 있다. 대표적인 것이 '꿈'이다. "나의 꿈은 멋진 성공이다"라고 할 때 '꿈'이 잠잘 때의 꿈이 아니라 바람, 희망을 의미한다는 사실은 이제 진부하기까지 하다. '철마鐵馬'는 철로 만든 말이 아니라 기차를 뜻하는데, 이러한 비유적 표현 또한 일종의 은유이다. 이렇게 은유는 기존의 관념에 새로운 의미와 관념을 부여하며, 이때 새로운 언어는 신선한 생명감을 갖게 된다. 은유는 콘텐츠의 발견과 확장이라는 측면에서 매우 간결하면서도 효율적인 본보기일 뿐 아니라, 그런 언어의 조탁을 통해 콘텐츠가 무엇이며 어떻게 다룰 수 있는지 경험하게 하는 사례인 셈이다.

이런 식의 은유가 갖는 또 다른 매력과 특징은 새로운 어휘를 만들어낸다는 점이다. 우리가 '병瓶, bottle'을 말할 때 밑동이나 목neck에 대해서 구체적으로 말하지는 않는다. 그러나 '병목효과bottleneck effect' 혹은 '병목현상'이라는 말이 일상화되면서 새로운 일상언어의 범주로 편입되었다. 은유

2장 입의 말 vs 글의 말

는 기존의 언어에 담긴 관념들을 완전히, 또는 크게 달라진 방식의 새로운 관계로 결합시켜 신선한 생명감을 불어넣는다. 이보다 더 쉽고 가까우며 친근한 방식의 콘텐츠 전개를 찾기란 쉽지 않다. 이는 흔히 말로만 이야기되는 콘텐츠를 만들기 위한 구체적이고 실용적인 방식이다. 그런데도 우리가 언어를 단순히 지식과 정보를 습득하고 교환·교감하는 수단으로만 치부하는 건 너무 아쉬운 일이다.

장황한 설명 대신 간결한 비유를 쓰는 은유적 표현은 고정관념을 버리고 새로운 사고혁명을 이끄는, 작지만 큰 촉발trigger(방아쇠)이기도 하다. 유추와 연상 등을 통해 사물이나 관념을 수사적으로 대치하는 은유는, 단순한 수사의 영역을 넘어 언어의 '쫄깃한 식감'과 씹을수록 감칠맛 나는 언어의 정수를 경험하는 방식이다. 이런 방식이 비단 시와 같은 문학의 영역에서만 주요한 자리를 차지하는 건 아니며, 이미 일상에서도 쉽게 발견된다. 광고 카피들을 보라. "침대는 가구가 아닙니다. 침대는 과학입니다"는 여전히 기억에 생생할 만큼 효과가 컸다. 태국의 한 이동통신회사의 광고 카피는 읽을 때마다 많은 것을 생각하게 만든다. "베푸는 것이 최고의 소통." 나이키 저팬의 광고 카피는 또 어떤가. "매일이 최고의 찬스다."

좋은 첫인상의 비밀

우리는 옷을 살 때 무엇을 가장 크게 고려할까. 물론 자기만족의 요인이 가장 클 것이다. 옷을 통해 자신을 표현하고 싶은 욕망이 크게 작용한다. 또한 남이 나를 볼 때 좋은 인상을 가졌으면 하는 바람도 작용한다. 이른바 명품*에 대한 욕망은 누군가 나를 선망해주기를 바라는 욕구 때문이기도 하다.

일반적으로 첫인상이 좋은 사람은 호감을 얻을 확률이 높다. 첫 '인상'이 외모만 지칭하는 것은 아니다. 좋은 첫인상이 타고난 행운이나 세련된 패션 코디네이션의 내공 덕택일 수도 있다. 그러나 실제로는 태도와 언행에서 첫인상이

---

* 엄격하게 말하자면 '사치품'이다. 영어 단어 'luxury goods'의 뜻 그대로다. 일본에서는 명품을 '브랜드 제품(brand goods)'이라고 부른다. '브랜드'도 본래 낙인, 즉 소유자를 나타내기 위해 소나 말에 찍었던 소인을 의미했다. 프랑스 사회학자 부르디외(Pierre Bourdieu) 식으로 말하자면, 이는 자신이 다른 사람과 우월적으로 다름을 과시하려는 목적이 있다. 그걸 '명품(名品)'이라 부르는 건 차별과 과시를 조장하는 명칭이 된다는 점에서 이름을 어떻게 짓느냐가 중요하다. '명품' 대신 '사치품'이라고 부르기만 해도 욕망의 강도가 달라질 수 있을 것이다.

좌우되는 경우가 훨씬 더 많다. 적절한 어휘를 구사하고, 논리적 타당성과 설득력을 통해 자신의 품격과 분위기를 드러내는 일은 결코 가볍게 여겨질 게 아니다. 상대의 품격과 태도에서 오는 호감이 외모에서 받은 첫인상을 상쇄하고도 남는 경우가 허다하다. 꼭 청산유수의 언변이 아니더라도, 진정성 있으며 논리적이고 설득력 있는 말이 주는 신뢰의 무게는 매우 크다.

어렵고 현학적인 어휘보다는 상황과 경우에 맞는 적절한 어휘를 논리적으로 친절하게 구사하는 것이 중요하다. 섬세한 사유를 담으면서도 풍부한 감성을 표현할 수 있어야 하는데, 이는 선천적인 능력이 아니다. 평소 언어에 관심을 갖고 훈련한다면 누구나 가능하다. 글을 많이 읽는 것도 중요하지만 상대의 말에 귀 기울이며 공감할 수 있는 교감의 능력 또한 중요하다. '하는 말'만 중요한 게 아니라 '듣는 말'도 중요하다. 그런 언어가 더 큰 첫인상을 각인시킨다.

우리는 상대가 구사하는 어휘 몇 개만 들어도 그 사람의 지식과 문화 수준뿐 아니라 품성까지 어느 정도 파악할 수 있다. 같은 표현이라도 적확하고 품위 있는 어휘가 주는 느낌은 그렇지 않은 어휘가 주는 느낌과 크게 다르다. 어렵고 잘 쓰지 않거나 현학적인 어휘를 쓰면 오히려 반감만 생긴다. 그렇다고 너무 투박하고 직설적이며 거친 어휘는 상대에게 거리를 둬야겠다는 경계심을 키우게 한다. 대개의 경우, 그런 어휘를 쓴다는 건 적어도 그의 의식 속에 그런 의미와 인식이 있다는 뜻이고, 그게 삶에서 드러날지도 모른다고 추정하게 한다.

논리적인 말의 핵심은 주어와 서술어의 일치이다. 글은 말할 것도 없고 말에서도 주어와 술어의 불일치는 상대방에게 비논리적이라는 인상을 줄 수밖에 없다. 주어와 술어가 일치하지 않는 문장을 구사하는 것은 주의력이 없기 때문이다. 주의를 기울여 말하지 않거나 상대에게 정보와 감정을 명확히 전달하기 위해 노력하지 않는 태도는 무성의해 보이고 좋은 인상을 줄 수 없다. 만약 자신의 말에 그런 불일치가 있다면 일단 말을 짧게 끊어 하는 게 좋다. 아무래도 문장이 길어지면 주어와 술어가 따로 놀 확률이 높아진다.

글도 마찬가지이다. 말은 적어도 대면해 주고받는 과정에서 나름대로 판단할 수 있다. 상황과 환경, 각자의 컨디션에 따라 받아들이는 태도에도 차이가 생길 수 있다. 그러나 글은 이런 요소들이 배제된 상태에서 전달된다. 말의 첫인상은 사람을 만나고 대화할 때의 직관적 느낌이 좌우한다면, 글의 첫인상은 논리와 감성을 표현하는 언어의 역할이 절대적이다. 그래서 장편소설에서도 첫 문장의 중요성을 그토록 강조하는 것이다. 글은 그 인상을 음미하면서 새겨본

2장 입의 말 vs 글의 말

다는 점에서 순간적으로 인상이 포착되는 입말과도 다르다.

누구나 자신의 생각과 판단에 따라 결정하고 행동한다. 물론 남을 의식하지 않을 수 없고, 자신의 판단이 부족하다고 느끼면 부족함을 채워줄 내용들을 찾아 보완한다. 이는 언어의 형태로 수용된다. "그가 먹은 음식이 그가 어떤 사람인지 말해줄 수 있다"거나 "옷을 보면 그 사람을 알 수 있다"는 등의 말처럼 언어를 보면 그 인격과 문화적 수준을 가늠할 수 있다는 말이 과장만은 아니다. 내가 쓸 언어는 일차적으로 내가 읽거나 들었던 언어를 통해 배양된다. 그 언어를 이해하고 수용하며 공감하는 과정을 통해 나의 어휘가 발현되고 문장으로 나타난다.

단순히 의미를 이해한다고 그 말이 내 것이 되는 건 아니다. 그 말이 생각에 자리 잡고 각인되며, 다양한 방식으로 숙성되고 반응하면서 판단과 행동의 표상으로 나타날 수 있을 때 비로소 나의 언어가 되고, 그 언어로 인해 나의 삶이 발현된다. 내 언어는 내 콘텐츠의 출발점이다.

200개의 흰 눈

지식과 정보 그리고 정서를 교환하는 방식으로 말, 글, 그림
像(이미지)이 있다. 이 중 말의 역사가 가장 오래되었다. 그러
나 말은 저장할 수 없고 내용을 축적할 수 없기 때문에 '진
화하는 인간'은 그림으로 기록했다. 그렇게 필요에 의해 글
이 만들어졌다. 글의 힘이 본격적으로 작용한 것은 근대였
다. 여러 사람들이 글을 읽고 쓰게 되면서 비로소 근대세계
와 정신이 열렸다. 근대가 낳은 현대 또한 마찬가지였다.

　　말과 글의 힘과 영역에 대한 판단은 도식적이기 쉽다.
그래서 새로운 힘과 영역에 진입하지 못했거나 익숙하지 않
은 사람들에게는 낯설고 불편할 수 있다. 이러지도 저러지
도 못하는 엉거주춤한 형국이 되기 쉽다. 말과 글 가운데 무
엇이 우세한지 따지는 건 무의미하지만, 갈수록 말의 힘이
강해지는 것은 분명한 사실이다. 像像의 시대에는 글보다 말
이 차지하는 영역이 커지는 것이 당연하다. 그렇다고 해서
글의 고유하면서도 뛰어난 역할과 힘이 사라지진 않지만 한
쪽만 강조하는 게 문제다.

말보다 글을 먼저 배우는 사람은 없다. 말이 먼저다. 그러니 글은 말의 보조적 수단이다. 글은 '기록과 저장'의 힘이 있지만 말에 선행할 수는 없다. 말은 모방으로 배운다. 부모나 가까운 가족들이 하는 말, 가르치는 말을 '따라' 배운다. 말은 거울이고 모방이다. 말에 깃든 지식·정보·정서·감각을 글로 담아내는 것은 학습과 훈련의 과정을 거쳐 습득된다. 말과 글이 반드시 일치하는 것은 아니다. 말은 원료고 글은 가공이다. 그럼에도 생각과 뜻을 표현하고 전달한다는 공통점이 언어의 깊이를 심화시킨다. 말의 빠른 즉각성과 쉽게 터득하는 편의성은 글이 갖는 저장과 숙고의 장점과 어우러지며 언어의 너비를 확장한다. 그게 언어의 영토가 되고 그 영토가 삶의 면적이 된다. "언어는 존재의 집이다"라는 하이데거Martin Heidegger의 말을 거죽으로만 해석해도 들어맞는 말이다. 어떤 언어를 어떻게 사용하느냐에 따라 삶이 달라진다.

낱말은 단순히 하나의 문자적 기호 혹은 음성적 표상이 아니다. 어떤 어휘를 사용할 수 있느냐에 따라 삶까지 달라질 수도 있다는 점을 놓치지 말아야 한다. 우리는 지식이건 감각이건 감정이건 모두 언어라는 매개를 통해 이해하고 저장하며 구성한다. 예를 들어 어떤 사람이 '노랑'이라는 언어를 갖고 있지 않다면, 그 색깔의 다양한 감각을 어떤 방식으로 이해하고 저장하며 체계화할 수 있을까. 언어는 삶의 방식에 따라 다르게 나타난다. 달리 말하자면 삶의 방식이 언어의 다양성을 낳는다고 할 수 있다.

선원들에게는 바람의 속도와 방향이 매우 중요하다. 당연히 그 갈래를 구별하고 판단할 수 있는 다양한 낱말들이 필요하다. 일상에서 사용하는 낱말들과는 층위가 다를 수밖에 없다. 이누이트 사람들에게는 '흰 눈'을 표현할 수 있는 어휘가 엄청나게 많다고 한다. 어떤 조사에 따르면 무려 200여 가지에 이른다는 보고도 있다. 우리 눈에는 그저 똑같은 '흰' 눈이겠지만 늘 얼음과 눈 속에 사는 그들에게는 같은 얼음이나 눈일 수 없다. 이러한 차이는 물론 자연환경과 그에 따른 삶의 방식에서 오는 것이겠지만, 이를 세밀하게 나누어 인지하고 저장하는 것은 언어의 다양성과 일치한다. '고상함'이나 '고결함'이라는 어휘를 모르거나 갖고 있지 않다고 해서 그런 품성을 갖출 수 없는 건 아니겠지만, 낱말에 담겨야 비로소 '인지'하고 이해하며 그 의미를 내 안에 들여놓을 수 있다는 점에서 '발화發話'는 가장 기본적이고 중요한 행위다. 그런 의미에서 입말 어휘의 다양성은 결코 가볍게 다룰 문제가 아니다. 어휘는 많을수록, 그리고 사용 방식이 다양할수록 좋다.

입말(구어)을 통해서도 충분히 낱말의 의미를 이해·교

2장 입의 말 vs 글의 말

환·체화할 수 있지만, 이를 저장·확장할 수 있는 힘은 글말(문어)을 능가하지 못한다. 글은 말을 시각화하면서 그 의미와 범위를 확고하게 만든다. 어떤 낱말을 들을 때 글을 모르는 상태라면 맥락과 관계를 통해 파악하고 짐작하며 느끼게 된다. 그런데 글을 알면 듣는(청각) 동시에 글자를 그려봄으로써(시각) 낱말을 복複감각적으로 수용하게 된다. 우리가 지각하고 감각하는 거의 모든 것은 언어의 형태로 수용되는데, 이렇게 복합적 감각으로 받아들이는 것 자체가 콘텐츠를 확장하고 풍요롭게 만든다.

또한 말은 발화하면서 사라지지만, 글을 쓰면 그것을 시각적으로 찬찬히 확인하는 과정에서 낱말의 의미와 정의definition가 좀 더 명료해지고, 그 낱말의 영역을 확인하게 된다. 명료한 정의는 언어 구사에서 매우 중요하다는 점에서 이는 글말의 또 다른 매력이 된다. 특히 감각이나 감정을 다루는 낱말보다 개념이나 관념을 다루는 낱말에서 그 매력은 더욱 돋보인다. 물론 개념과 관념을 다루는 낱말과 관련해 나타나는 글말의 특별한 장점은 많은 언어에서 보편적인 현상이다. 그런데 우리 언어에서는 특히 도드라진다. 왜 그럴까?

이중구조라는 틈

언어를 통해 빠르고 정확하게 정보와 의사를 교환할 수 있어야 하는 건 당연한 일이다. 하지만 때로는 언어를 통해 그 너머의 것도 볼 수 있어야 한다. 글은 시간의 구애를 받지 않고 멈춰 세울 수 있으며, 낱말을 만질 수 있게 한다는 점에서 사유할 때 매우 큰 이점이 있다.

누구나 생각을 한다. 생각 없는 사람은 없다. 인간은 약하디약한 존재이지만 생각하기 때문에 쉽게 사라지지도 않고 무기력하지도 않다. 생각이 인간의 가장 큰 힘이다. 파스칼Blaise Pascal이 《팡세》*의 서두에서 "인간은 자연 가운데서 가장 약한 하나의 갈대에 불과하다. 그러나 그것은 생각하는 갈대roseau pensant다"라고 한 말은 단순한 상투적 표현이 아니다. '팡세'라는 말 자체가 '생각'이라는 뜻이다. 그래

---

* 1662년 파스칼이 죽은 뒤 1670년에 그의 유족들이 파스칼의 지혜와 사색이 담긴 메모를 발견해 그 묶음을 《종교 및 기타 주제에 대한 파스칼 씨의 팡세(생각)》라는 제목으로 펴낸 것이 '팡세'라는 이름으로 굳어졌다.

2장 입의 말 vs 글의 말

서 이 책 제목은 프랑스어로 '사상', '생각', '회상', '금언', '사색집'이라는 뜻으로 두루 쓰인다. '생각'은 순우리말이지만 '사상', '회상', '금언', '사색'은 한자어에서 빌려온 말이다. 그 밖에 '성찰', '사유', '숙고', '고찰' 등도 마찬가지로 한자어에서 온 것들로 비슷한 말 묶음에 들어간다.

일단 개념이나 관념을 지칭하는 언어들을 중심으로 살펴보자. "나는 생각한다." 이 문장을 만나면 곧바로 "고로 나는 존재한다"라는 말이 후렴구처럼 따라올 것이다. 데카르트René Descartes의 이 문장은 유럽 지성사가 중세와 결별하고 근대를 열게 한 머릿돌이 되었으니 그럴 만도 하다. 뒤의 문장은 일단 미뤄두자. 지금 다루려는 건 앞 문장이다. '생각하다'와 비슷한 말을 뽑아보자. '사유하다', '사고하다', '숙고하다', '성찰하다' 등이 떠오를 것이다. 거기까지는 별다른 '낱말의 방지턱'이 없는 듯하다.

이번에는 내 일상을 짚어보자. 앞서 잠깐 언급했지만 지난 한 주 동안 '사유', '사고', '숙고', '성찰' 등의 낱말을 몇 번이나 쓰면서 살았을까? 일단 글말은 빼고 입말만 따져보자. "어제 네가 내게 했던 말을 사유해봤더니 내 사고체계로는 동의하기 어렵다는 판단이 들었어." 이렇게 말하는 경우는 거의 없을 것이다. 대개는 "아무리 생각해도 어제 네가 했던 말을 이해하지 못하겠어"라거나 "어제 네가 말했던 걸

곰곰 생각해봐도 동의할 수 없어"라고 말할 것이다. 앞 문장에서 사용된 '사유', '사고체계', '동의', '판단'이라는 낱말들 가운데 일상적으로 쓰는 말은 거의 없을 것이다. '생각'과 '사유'가 같은 말인 듯하면서도 실제로는 다르게 사용되는 까닭은 무엇일까?

언어는 그 자체가 하나의 '그림'이다. 어떤 내용을 언어라는 매개로 그려내는 것이다. 그래서 그림(대상)이 언어보다 크다. 언어는 그리려는 대상의 일부를 기호화하는 것이다. 오스트리아 태생의 영국 철학자로 현대사상에 강력한 영향을 끼친 루트비히 비트겐슈타인Ludwig Wittgenstein은《논리-철학 논고》에서 다음과 같이 간결하지만 명료하게 정의한다.

> 언어는 명제들로 구성되어 있으며, 세계는 사태事態들로 구성되어 있다. 그리고 명제들과 사태들은 각각 서로 대응하고 있다. 이처럼 언어와 세계의 논리적 구조는 동일하며, 언어는 세계를 그림처럼 기술함으로써 의미를 가진다.

즉, 언어는 세계에 대한 '그림'이다. 언어는 그림이다. 그러나 때로는 언어가 그림 이상의 어떤 것들을 담을 수 있

2장 입의 말 vs 글의 말

다. 그림으로서 언어는 그 언어에 호응하는 '명확한' 대상을 지칭한다.

　감각이나 감정의 낱말들과 달리 관념이나 개념을 나타내는 말은 어떠한가? '사유하다', '사고하다' 등은 일상에서는 자주 사용하지 않는다. TV에서도 뉴스나 교양 프로그램 일부를 제외하면 그런 낱말을 아예 듣기 어렵다. 일상에서는 그런 말을 쓰지 않고도 의사소통에 별로 어려움이 없다. 그만큼 한글 사용이 많고 순우리말만으로도 충분하기 때문일 것이다. 그걸 탓할 것은 없다. 그러나 관념이나 개념을 나타내는 낱말들이 한자어라는 이유로, 한자에 익숙하지 않다는 이유만으로 배제하는 것은 자칫 말밭을 줄이는 셈이 된다. 그러면 결국 그런 의미들을 담아내는 언어라는 그릇은 크기도 수도 줄어들 수밖에 없다.

　입말이라고 해서 사유의 영역이 없거나 크게 줄어든다고 할 수는 없다. 이것으로도 충분히 의사소통이 가능하고 기본적인 지식과 정보를 교환할 수 있다. 그리고 영상을 통해 더 많은 내용을 지각할 수 있으므로 크게 위축되거나 지장을 받지 않을 수도 있다. 더욱이 한자 문화권에서 자라난 세대는 한자어에서 비롯된 낱말이 익숙할 수 있지만, 그렇지 않은 세대에게는 부담스러울 수 있다. 그런 점에서 한자에서 빌려온 개념어들과 관념어들을 최대한 순우리말로 바꿔 일상화하는 것은 꼭 필요하다. 우리는 지나치게 탈한자화한 북한 언어를 낯설어하고 심지어 비하하기도 하지만, 그러한 언어에 담긴 뜻을 헤아린다면 어느 정도는 우리에게도 필요한 노력일 것이다(이렇게 말하는 나도 이 책에서조차 별 생각 없이 한자어들을 마음껏 쓰고 있으니 반성할 일이다).

감정이나 감각에 대한 순우리말 어휘는 놀랍도록 풍부하지만, 정작 사고를 심화하고 지식을 확장할 수 있는 개념과 관념 등의 낱말은 거의 다 한자에서 왔다는 현실을 쉽게 깨뜨리긴 어려울 것이다. 그 이중적 구조를 지속적으로 허물고 아우르는 언어체계를 만들어내려면 많은 시간과 노력이 필요하다. 다른 나라들을 봐도, 언어가 완전히 자신들만의 고유 어휘로만 이루어진 경우는 거의 없다. 어느 나라의 어떤 언어건 오래 교류하면서 서로 영향을 주고받거나 흡수·변용하며 글밭을 넓히는 역사가 필연적으로 나타났다.

가능하면 순우리말을 쓰는 것이 가장 바람직하다. 그러나 뜻글자라는 점을 활용해 비슷한 글자를 첨가하거나 교체해 다양하게 운용·확장할 수 있는 사고과정의 매력 또한 가볍게 무시할 일은 아니다. 말에서는 그런 어휘들의 사용이 갈수록 줄어들고 있지만 글에서는 여전히 작동한다. 그렇다고 과도하게 큰 의미나 존재성을 부여하는 것은 아니다. 다만 다른 어휘로 대체되지 못한 상태에서 이런 어휘들이 줄

2장 입의 말 vs 글의 말

어들거나 사라지는 것은 바람직하지 않다. 따라서 이런 어휘들을 일상언어로 전환하는 노력이 필요하고, 그 이상으로 확장하기가 현실적으로 어렵다면 기존 어휘들의 의미와 역할을 이전과 다른 방식으로 강화할 필요가 있다. 이는 말과 글의 분리나 대립의 구조를 의미하는 것이 아니다.

대부분의 언어는 이중구조를 갖추고 있다. 말과 글이 완전히 일치하는 경우는 별로 없다. 그래도 갈수록 구어와 문어가 가까워지는 게 바람직하다는 쪽으로 기울고 있다. 문제는 한쪽 영역으로 흡수되거나 종속되는 경우다. 이는 바람직하지 않을 수 있다. 예전에는 글이 중심이고 권력이었지만 이제는 말의 힘이 더 강하다. 쉽게 전달되고 이해되고 소통할 수 있으니 당연하고 자연스럽다. 그걸 막으려는 건 어리석은 짓이고 시대착오적이다. 그러나 어느 쪽이든 한쪽으로만 기우는 건 위험하다.

이러한 이중구조의 원초적 상황에 더해, 우리 언어가 겹으로 이중구조를 갖고 있다는 의미에서 본다면 우리 언어는 '두 겹의 언어' 체계로 이루어진 셈이다. 이는 단점이 아니라 장점이 되는 중요한 요인이다. 두 겹의 언어가 갖는 고유성과 장점을 결합하는 것만으로도 콘텐츠는 폭발력을 지닌 잠재력이 생길 수 있다. 그런 점에서 개념과 관념 등의 추상성이 담긴 대부분의 '한자어'가 여전히 활동하는 영역, 즉 글로 된 문장들로 이루어진 책 등의 콘텐츠들에 주목할 필요가 있다. 갈수록 확장되는 인터넷 검색창이나 뉴스스탠드들도 여기에 포함된다.

앞으로 더 자세히 다루겠지만, 우리말에는 대단히 풍부한 감각어와 감정어가 있으며 그 자체로 콘텐츠 생산 능력이 있다. 다만 갈수록 입말 중심의 미디어와 커뮤니케이션 수단이 발전하는 가운데 글의 힘, 그중에서도 특히 개념과 관념을 다루는 어휘들의 생소함도 비례해 증가하는 현실을 극복해야 한다. 이는 사고의 균형뿐 아니라 콘텐츠의 깊이와 다양화에도 영향을 미친다는 점을 유념하는 게 좋을 것이다.

죽은 것도 산 것도 아닌

하나의 돌이 있다. 잘 정돈된 돌은 디딤돌이 되지만, 어설프거나 길의 흐름을 거스르면 걸림돌이 된다. 앞서 우리 언어의 순우리말이 다양한 감각과 풍부한 감정을 표현하고 교환할 수 있게 해주고, 한자어에서 빌려 쓴 말은 개념과 관념을 나타내는 데 쓰이며 경제적 효율이 있다고 거칠게 구분했다. 그리고 세대에 따라 이러한 이중구조의 익숙함에 차이가 있다는 점도 짧게 언급했다.

구어가 일상화되면서 문어의 위상이 축소되는 것은 자연스러운 일이다. 문제는 언어생활의 특성상 문어에서 사용되는 상당수의 어휘들이 구어에서는 사용되지 않는다는 점이다. 그 어휘들이 우리 언어에서 위축되고 일상에서 겉돌면서 '죽지 않은 사어死語'가 된다. 갈수록 죽지 않은 사어가 증가할 것이다. 본디 언어는 생로병사의 과정을 거치므로 이는 자연스러운 일이다. 다만 멀쩡하게 있는 말을 사용하지 '못해서' 놓치는 건 안타깝고 어리석다.

'죽지 않은 사어'의 대다수는 관념어 혹은 개념어다. 이 낱말들이라고 무조건 관념이나 개념을 담은 말은 아니다. 그냥 뭔가 있어 보이려고, 상대가 자신을 수준 높다고 생각하게 만들고 싶어서 사용하는 경우도 있다. 또 남들은 거의 쓰지 않는데 특정 집단이 '약속된 언어'로 착각해, 별 생각 없이 예전에 기록된 한자어를 그대로 쓰면서 발음만 한글로 표현한 언어들도 많다. 이런 언어체계에 익숙한 사람들이 갈수록 줄어들고 있긴 하지만, 쉽게 그리고 완전히 죽지는 않을 것이다. 글이라는 '기록'으로 저장되어 있으니 '수장고'에는 존재할 수 있을 것이다. 그러나 일상에서 사용하지 않는 '학문적 사투리'로 가득한 학술지를 읽는, 혹은 읽을 수 있는 사람들은 얼마나 될까.

일찍이 교과서에서 익숙하게 접하는 '즐문櫛紋' 토기는 '빗살무늬'의 흙그릇이다. 그 뜻을 모르면 '그냥 즐문' 토기라는 낯선 명칭으로만 알게 된다. 다른 문화재로 조금 더 예를 들어보자. 국보인 '청자철화양류문통형병'의 긴 이름을 알거나 외울 수 있는 사람이 얼마나 될까. 그 뜻이 무엇인지 모르는데 긴 이름을 외우기란 쉽지 않은 일이다. '버드나무 무늬가 새겨진 통 모양의 청자 병'이라고 이름 붙이면 쉽게 이해할 수 있고 외우기도 쉬울 텐데, 이를 한자로 옮기니 '청자철화양류문통형병青磁鐵畫楊柳紋筒形瓶'이 된다. 고유명사인 듯 착각하기 쉽지만 수식어를 편의적으로 붙인 이름일 뿐이

2장 입의 말 vs 글의 말

○ 청자철화양류문통형병(왼쪽)과 백자청화매조죽문유개호. 이런 긴
이름을 알거나 외울 수 있는 사람이 얼마나 될까.

다. 이때 '병瓶'은 흔히 쓰이기 때문에 한자를 몰라도 쉽게
이해할 수 있지만, 항아리를 뜻하는 '호壺'는 익숙하지 않다.
좀 더 이해하기 쉽고 정확하게 설명하면, 이는 12세기경 고
려시대에 제작된 긴 원통 모양의 도자기로, 앞뒤에 버드나
무 두 그루를 자토赭土(산화철을 많이 함유해 빛이 붉은 흙)로 운

치 있게 그려 넣었다. 국보 '백자청화매조죽문유개호白磁青畫
梅鳥竹文有蓋壺' 또한 한자에 익숙하지 않은 사람이 이해할 수
있을까. 무슨 주문呪文처럼 들린다. '유개호'는 '뚜껑 있는 항
아리'라는 뜻으로, '죽지 않은 사어'다. 풀어 쓸 대안이 없다
면 모를까, 대체할 수 있음에도 그대로 고수하는 것은 언어
세계에서 걸림돌이 된다. 뜻글자인 한자어를 무조건 감싸는
게 능사는 아니다.

　　최근 젊은 세대 일부에서 특정한, 그러나 일상에서 누
구나 이해할 수 있는 낱말들을 엉뚱하게 해석해서 많은 이
들을 놀라게 한 일이 있다. "심심한 사과를 표한다"는 말에
대해 도대체 왜 사과를 심심하게 하냐고 하거나 이것이 불
성실을 넘어 조롱하는 사과라며 분노하는 모습을 보고 나
는 입을 다물지 못했다. "십분 이해해"라는 말을 두고 십 분
이나 생각해서 이해할 게 있느냐고 반문하거나, "사흘 머물
예정"을 4일을 머물 것으로 해석하는 경우도 있었다. 어제-
오늘-내일-모레는 익숙하지만 작일-금일-명일-명후일*
은 낯설다. 후자는 사람들이 잘 쓰지 않아 접할 기회가 점점
사라지면서 결국 놓치게 된다. 그런 사람들에게 사흘이 '일,

---

* '명일'은 중국어와 일본어에서 함께 쓰이지만 '후명일'은 일본식 한자
이다. 중국에서는 '후천(後天/后天)'으로 쓴다.

　　　　　　　　2장 입의 말 vs 글의 말

이, 삼, 사'의 '사'흘로 오해된 것이다. 어휘력과 문해력의 상관관계를 새삼 상기시킨 이런 상황은 비단 한자어에서만 일어나지 않기에 어휘력 자체가 줄어들었다고 보는 편이 타당할 것이다. 그렇다면 이러한 '말의 위축' 혹은 어휘의 축소는 사고의 축소로 이어지고, 문해력의 감소가 삶의 감소로 이어진다는 점에서 가볍게 넘길 일은 아니다. 문해력을 키우기 위해서라도 말과 글의 어휘를 확장하는 일은 매우 중요하다.

우리말의 말밭은 풍성하다. "날이 스산하니 온몸이 찌뿌둥하고 뼈에는 바람이 숭숭 들어오는 느낌이며 기가 빨려서 손가락 하나 까딱하기도 싫은데 할 일은 태산이요 갈 길은 까마득하구나." 문장 속 상황이 무슨 뜻인지 어떤 느낌인지 어렵지 않게 파악이 되는 건 단순히 우리말이기 때문만은 아닐 것이다. 낱말마다 겉뜻과 속뜻이 버무려져 있지만 굳이 분석하고 펼쳐내지 않아도 소통이 되는 건, 그 낱말들이 쌓아온 맥락과 정서 등이 섞여 있기 때문일 것이다. 특히 감정이나 감각과 관련된 낱말들의 밭은 엄청나게 넓고 비옥하다. 그게 우리말의 강점이기도 하다.

'노랗다'의 비슷한 말을 꼽아보라 하면 막힘이 없다. '노르스름하다', '노리끼리하다'를 비롯해 많은 낱말들이 쏟아진다. 거기에 '노랗다'와 '누렇다'처럼 큰 말과 작은 말까지 더하고, '샛노랗다'처럼 접두사나 접미사로 강조하는 말까지 더하면 몇 곱으로 는다. 물론 서양 언어에도 색채를 가리키는 말은 다양하다. 그러나 대부분은 색을 전문적으로 다루는 사람들이 사용하는 특별하고 기호화된 용어들이라서 일상에서는 별로 쓰이지 않는다. '뒤숭숭하다'처럼 감정을 드러내는 낱말들도 크게 다르지 않다. 비슷한 말도 많거니와, 그 정확한 정의definition가 불가능할 만큼 모호한 낱말들이 꽤 많다. 서양인 의사는 "삭신이 쑤신다"는 우리나라 환자의 호소를 어떻게 이해할까? 우리말의 감정 언어에는 모호한 것들이 많다. 모호하다는 건 경계가 분명하지 않아 명확하게 단정 짓기 어렵다는 뜻이다. 그 대신 물리학의 퍼지fuzzy 이론이 그렇듯 넓은 범위를 커버할 수 있다. 어쨌든 감정에 대한 낱말들은 생각보다 많다.

나는 이른바 한류 혹은 K-컬처*의 놀라운 비약을 가능케 한 여러 요소들 가운데 하나로 감각과 감정을 둘러싼 풍부한 우리말의 말밭을 빠뜨리면 안 된다고 생각한다. 다양한 감각과 풍부한 감성을 표현할 수 있는 언어가 있다는 건,

---

* 문화정보학자이며 문화비평가인 김헌식은 《김헌식의 K콘텐츠혁명》에서 '한류'와 'K-콘텐츠'를 구분한다. '한류'는 일시적 유행을 뜻하지만, 'K-콘텐츠'는 지속적으로 국제시장에서 사랑받는 힘으로 성장했고, 세계에서 그 정체성을 인정받았다는 점에서 다르게 표상된다고 지적한다.

2장 입의 말 vs 글의 말

그만큼 촘촘하고 풍요로운 표현의 능력을 키울 수 있는 바탕이 되기 때문이다. 한류에 매료된 이들이 흔히 대한민국의 영화나 드라마의 특징이자 장점으로 거론하는 '디테일'은 갑자기 하늘에서 뚝 떨어진 게 아니다. 오랫동안 축적되어 온 감각과 감정에 대한, 그것도 순우리말의 독창성과 차별성이 준 힘이라고 생각한다. 그게 콘텐츠의 차이를 만들었다.

개념과 관념을 담은 낱말들은 사유 방식과 학습 태도나 체제에 따라 다양한 방식으로 작동된다. 따라서 그런 어휘들을 만지는 것이 자연스럽게 섬세한 사유로 이어질 경우 디딤돌이 되지만, 낯설고 일상에서 잘 쓰지 않는 입말이라는 이유로 꺼리거나 멀리하면 걸림돌이 된다. 같은 돌이지만 디딤돌이 될 수도 있고 걸림돌이 될 수도 있다. 한 끗 차이다. 그런데 그 차이가 삶을 바꿀 수도 있으니 결코 가벼운 차이는 아니다.

3장

【 만지고, 흔들고, 맡고, 맛보기 】

고층건물을 짓는 법

집을 짓기 위해서는 여러 가지가 필요하다. 그중 가장 중요한 건 무엇일까? 집을 짓는 방법이나 도구, 자재 등이 아니다. 그럼 설계도면이 가장 중요한가? 그것도 아니다. 제일 먼저 따지고 물어야 할 것은 내게 집이 꼭 필요한가다. 아무 생각 없이 집을 지을 수는 없다. 집이라는 건물이야 짓겠지만, 그리고 일단 짓게 되면 그에 맞는 용도를 찾으면 되겠지만, 그건 보통 낭비가 아니다.

나는 왜 집을 짓고 싶은가? 새로운 공간이 필요하기 때문이다. 그렇다고 무작정 공간을 마련하는 게 전부는 아니다. 내가 원하는 삶을 구현하는 데 적합하고, 내게 심리적 안정감과 더불어 새로운 창조적 계기를 줄 수 있는 공간이 필요할 때 내 집을 짓고 싶어진다. 남들이 잘 지어놓은 집이 부러워서 짓는 건 주객이 바뀐 것이고, 이는 비싼 대가를 요구한다. 글도 마찬가지이다. 무엇보다 내가 왜 써야 하는지부터 짚어봐야 한다. 무턱대고 쓰는 글은 없다. 설령 누군가에게 보여주지 않을 글조차 나 자신이라는 독자가 있다. 내가 나에게 말을 걸어야 하는 이유가 있는 것이다.

왜 집을 지어야 하는지 찾아냈으면 그다음에는 집을 지을 부지를 찾아야 한다. 부지가 도심에 있는지 전원에 있는지에 따라 공간의 크기와 모양이 달라진다. 왜 그 부지를 선택해야 하는지 결정하지 않은 채로 집을 올릴 수 없는 것처럼 글 또한 마찬가지이다. 어느 매체에 게재할지, 단행본인지 보고서인지 등에 따라 글의 구성이나 방향이 결정된다. 펜을 든다고, 컴퓨터 자판 앞에 앉는다고 저절로 글이 써지는 건 아니다. 보고서에 미사여구나 감탄을 토하게 만드는 표현을 쓰는 것은 우선순위가 아니라 오히려 경계할 문제이다. 에세이(수필)를 쓸 때 논리와 지식을 동원해 이론을 구성하는 게 어울리지 않는 것처럼.

정확한 치수와 공간의 배치 그리고 공학적 시스템의 핵심을 가장 논리적·직관적으로 그려놓은 게 설계도다. 이 설계도면에 따라 필요한 공법을 찾고, 생활에 필수적인 전기와 물을 수급하기 위한 작업과 더불어, 알맞은 자재를 구입해 적절한 시간 안에서 진행하면 집이 완성된다. 물론 모든 집이 설계도면에 딱 맞게 지어지는 건 아니다. 필요에 따라, 혹은 새로운 발견에 따라 중간에 수정·보완될 수 있다. 전체 골격을 바꾸거나 위험할 수 있는 공법으로의 전환은 피하면서 소소한 것들을 세세하게 체크하며 진행한다. 기본 구조가 마무리되면 실내디자인에 따라 적절히 배열하고 조화시켜 나아가면서 마침내 집을 완성한다. 글도 그렇다.

말은 대부분 상대가 앞에 있을 때 내 생각과 느낌, 판단과 해석 등을 전달하고 교환하는 데 쓰인다. 거기에는 비언어적 소통도 곁들여진다. 말이라고 논리가 배제되거나 경시되는 건 아니지만 상대의 반응에 따라 변화할 수 있고, 구어의 한계 때문에 긴 호흡의 문장을 말하기가 어렵다. 더욱이 의도가 분명하게 전달되는 것이 일차적 목적이기 때문에 '불필요한' 수식어는 과감하게 생략된다. 건축과 비교하자면, 골격을 짜고 집을 올린다는 목적에는 충실하지만 다양한 자재를 적절히 사용하거나 인테리어 장식을 고려하는 일 따위에는 그다지 충실하지 않은 것이다.

그러나 글은 명확한 도면이 있어야 하고, 그 도면에 따라 하나하나 공간을 쌓아가는 과정과 각 과정에서 쓰일 자재의 특성과 장단점을 면밀하게 고려해야 한다. 일차적으로는 논리적 구조가 필요하며, 그다음에는 구조에 충실하면서도 견고한 사실과 감정을 표현할 수 있는 다양하고 적절한 어휘가 동원되어야 좋은 글이 가능하다. 어떤 장르의 글이건 이러한 기본은 변하지 않는다. 이는 글에서 섬세한 사유, 다양한 감각, 풍부한 감정이 어우러지며 균형과 조화를 이루게 만든다.

글이 말에 비해 유리한 점은 '고층건물'의 언어를 구축할 수 있다는 점이다. 말은 단층집과 같다. 예를 들어 1층짜리 집은 간단한 구상으로도 지을 수 있다. 실제로 옛날 초가집은 설계도 없이 경험을 토대 삼아 조금 뛰어난 눈썰미와 솜씨를 바탕으로 대충 짓는 경우가 대부분이었다. 그러나 건축 양식과 구조가 현대화되어 상대적으로 복잡하고 정밀한 집을 짓게 되면서부터는 기본적으로 도면이 필요해졌다. 특히 2층 이상의 집을 지으려면 하중을 꼼꼼하게 계산하고 이를 버텨낼 자재를 써야 한다. 당연히 고층건물은 훨씬 더 복잡하고 정밀한 설계와 공학적 계산, 그것을 수행할 수 있는 자재와 기술이 따라야 한다. 글은 이런 고층건물을 짓는 일과 같다.

말과 달리 글은 전체 구조를 의식하면서 필요할 때마다 도면을 살펴볼 수 있다. 앞서 한 말과의 연결이나 논리를 확인하며 문장을 구성할 수 있다. 또한 사실 확인이 필요하면 자료를 찾거나 검색을 통해 검증할 수 있다. 말은 일단 뱉고 나면 수거할 수 없지만, 글은 퇴고를 통해 수정할 수도 있다. 불필요한 글은 삭제하고 필요한 글은 덧붙인다. 그게 글의 매력이기도 하다.

고층건물에서 채광과 전망을 위해 통유리창을 설치하려면 비싼 통유리를 구매하기 전에 통유리가 하중을 견딜 수 있는지에 대해 꼼꼼한 계산이 필요하며, 이를 토대로 강력하고 견고한 벽체 없이도 통유리를 감당할 수 있도록 H-빔 뼈대가 있어야 한다. 글도 그런 뼈대가 튼실해야 한다. 층마다 공간이 나뉘면서도 각각의 공간이 기능을 수행하는 조화와 효율은 좋은 글의 미덕에 비견할 수 있다.

말은 고층건물을 짓기 어렵지만 글은 이를 가능하게 해준다. 그게 글의 가장 큰 매력이자 장점이다. 이것이 글의 의무이자 미덕이라는 뜻이기도 하다. 이는 글쓰기뿐 아니라 글 읽기에도 동일하게 적용된다.

낱말 만지기는 힘이 세다

글을 통해 얻는 가장 중요한 매력이 '섬세한 사유'라는 건 흔치 않은, 예상 밖의 생각이다. 말과 像을 통해 얻는 즉각적이고 직관적인instinctive(감각기관을 통해 즉각적으로 감각한다는 의미) 생각과는 비교할 수 없을 만큼 다양하고 폭넓다. 이는 낱말을 '만지는' 일에서 비롯된다. 글의 가장 큰 매력이자 글의 힘을 기를 수 있는 방식이 바로 '낱말 만지기'인 것이다.

낱말 만지기란 무엇일까? 이는 단순히 기호로서의 문자에 담긴 정보를 머리에 집어넣는 것과는 다르다. 나의 모든 이성과 감성, 그리고 감각을 총동원해 입체적으로 알고 느끼고 반응하는 것이다. 그 좋은 예가 지도다. 지도는 공간의 기호이다. 거기에 문자라는 기호로 표기된 수많은 장소가 배치된다. 그 공간에 가보지 않은 사람에게 이는 그저 나열된 기호에 불과하며, 지리 과목의 점수를 받기 위해 맹목적으로 암기하는 대상일 뿐이다. 물론 지도는 공간성이 있기에 단순한 문자 기호와는 다르다.

3장 만지고, 흔들고, 맡고, 맛보기

'나주'는 하나의 지명에 불과하지만 지도 속 나주의 공간성은 적어도 그곳이 한반도의 남쪽에 있는지 동쪽에 있는지 시각적으로 알 수 있게 해준다. 그러나 특산물이 무엇인지에 대해서는, 즉 지리 교과서에 나오는 "나주의 특산물은 배"라는 문장의 내용은 나의 감각에 와닿지 않는다. 그런데 언젠가 나주를 지나가는 길에 넓은 배 과수원을 보았고, 시장에서 특산물인 배를 사서 맛있게 먹었던 경험이 있다면 자연스럽게 '나주＝배'의 등식이 완벽하게 내 안에 들어온다. 그게 바로 '나주'라는 글자를 만지는 사례이다.

공부를 잘하고 성적이 좋은 것에는 여러 요인이 작용하지만, 무엇보다 이해력이 중요하다는 점에서 이 '낱말 만지기'는 결코 가볍게 넘길 일이 아니다. 앞서 언급했듯 우리 언어들 가운데 개념이나 관념의 언어들은 거의 한자에서 빌려온 것들이고, 이는 일상에서 만나기 어려운 까닭에 직관적 이해에 장애가 되는 경우가 많다. 결국 이해력이 좋다는 것은, 바로 그 용어들을 '만지는' 능력의 존재 여부에 달린 것이다. 특히나 교과서는 최대한 경제적이고 압축적이며 논리적 체계를 구성해야 하는 까닭에 거의 모든 핵심적 내용들이 한자에서 따온 말들로 이루어져 있다. 따라서 이런 낱말에 대한 이해가 떨어지면 도무지 성적이 나올 수 없다. 그 낱말이 '만져지지' 않기 때문이다.

교과서만큼 따분하고 재미없는 책도 없다. 거기에 질려 나중에는 책이라면 그저 지긋지긋해진다. 더욱이 책보다 훨씬 빠르고 재미있는 방식으로, 그것도 직관적으로 이해되는 수많은 영상 정보들이 넘치는 덕분에 굳이 책을 가까이하고 싶은 생각도 들지 않고, 읽지 않더라도 도태되지 않는다고 느낄 법도 하다. 그렇게 '낱말 만지기'를 제대로 경험할 기회를 스스로 거세한다.

'낱말/문장 만지기'는 섬세한 사유를 강화한다. 기호를 만져 구체적이고 실체적인 내용으로 수용하는 일련의 과정은, 그 짧은 순간에 엄청난 인식의 교환 작용이 일어나면서 무형의 자산, 즉 콘텐츠를 생산할 힘을 키우는 기본 요소가 된다. 따라서 글을 외면하고도 충분히 살아갈 수 있지만, 더 생산적이고 주체적이며 매력적인 삶을 만들어가는 건 어려울지 모른다. 지금 당장은 별문제 없이 살아갈 듯싶지만, 콘텐츠 생산이 능력의 본질이 될 미래에는 생산자가 아니라 일방적 소비자로 전락할 것이다.

'낱말/문장 만지기'의 힘을 제대로 키울 수 있는 핵심적 방법의 하나는 기꺼이 고독할 수 있는 마음이다. 고독은 고립과 다르다. 하루에 단 10분이라도 고독해질 수 있어야 한다. 고독의 영역이 없는 사람은《어린 왕자》를 제대로 읽을 수 없다. 자발적으로 선택한 고립이라 할 수 있는 고독의

3장 만지고, 흔들고, 맡고, 맛보기

시간은 내가 마음껏 '낱말/문장 만지기'를 할 수 있는 농밀한 시간을 허락해준다. 그 힘이 나의 잠재적·창조적 생산력을 증가시킨다. 고독할 수 있는 사람이 생산자가 된다.

개념어건 감각이나 감정을 나타내는 낱말이건, 그 낱말과 문장을 만질 수 있는 능력이 있다는 건 자신의 모든 지각을 동시에, 그리고 입체적으로 동원해 파악하고 사용할 수 있다는 의미다. 따라서 그 능력을 다른 다양한 분야에서도 활용하고 업그레이드할 수 있다. 무엇보다 섬세한 사유의 능력은 그 의미를 구축하는 모든 층위를 세밀하게 분석해 해석할 수 있게 만든다. 우리는 이를 다양한 방식으로 재구성해 자신만의 완전히 새로운 무기로 발전시킬 수 있다. 콘텐츠는 그 과정을 통해 강화되고, 상상력이 가미되면서 증폭된다. 낱말 만지기는 매우 힘이 세다.

'꿩 대신 닭'의 역사

앞서 언급했던 림태주의 글에서 쑥을 소환해보자. '쑥'은 평범한 보통명사의 하나이다. 쑥은 다년생 초본으로 근경이나 종자로 번식하는 식물이다. 전국적으로 분포하는 가운데 주로 들에서 자라며, 식용과 약용으로 쓰인다. 희귀한 식물도 아니고 일상의 주식으로 삼을 수 있는 작물도 아니어서 '쑥밭이 됐다' 등의 관용어를 통해 업신여김을 당하기까지 하는 흔한 식물이다.

그러나 봄의 쑥은 조금 다르다. 봄이 되면 나물로 무치고 국으로 끓여 먹을 수도 있으며 떡을 빚을 수 있다. 도다리와 함께 국을 끓이면 봄철 별미가 된다. 봄이 되면 사람들이 쑥을 캐러 밖으로 나간다. 이는 봄을 맞는 유쾌한 행사의 하나이다. 쑥을 캔다는 것 자체가 봄의 모습이다. 그냥 '쑥'이라는 낱말을 듣거나 영상을 볼 때는 통상적 의미의 식물로 받아들인다. 그 말을 '만질' 여유가 없다. 그러나 쑥이라는 '글자'는 다르다. 우리는 글자를 만나면 곧바로 의식의 손을 뻗어 만져본다. 때론 비벼보기도 한다. 촉각·후각·미각 등

3장 만지고, 흔들고, 맡고, 맛보기

이 한꺼번에 들어온다. 적당한 시간적 여유를 가지고 쑥에 대한 모든 사유와 감각, 정서를 소환하고 가공한다. 그렇게 '만진' 쑥은 단순한 정보로서의 쑥과 다르다.

문장을 통해 상황과 상태를 만질 수도 있다. 미국의 시인이자 사상가인 헨리 데이비드 소로Henry David Thoreau 의 책《케이프코드》속 문장을 살펴보자.

> 그들은 인생을 어떻게 살아야 하는지를 마침내 깨달은 사람들 같았다. 서로 다른 곳에서 왔지만 알고 지내던 사람들처럼 보였다.

'같았다'는 표현 자체가 관찰자의 느낌을 드러낸 것이다. 이 문장에 담긴 의미를 말이나 이미지로 표현하는 것은 거의 불가능에 가깝다. '인생을 어떻게 살아야 하는가'의 내용 또한 사람들마다 모두 다르다. '○○처럼'도 크게 다르지 않다. 그러나 글을 통해 만나는 이 두 문장은 읽는 사람들에게 여러 생각을 떠올리게 한다. 특별한 정보나 지식을 담은 것도, 어떤 특정한 감정을 노골적으로 표현한 것도 아니다. 그럼에도 두 문장이 내 생각의 우물에 빚어내는 물결의 무늬는 매번 다르다. 같은 책의 다른 문장을 하나만 더 불러보자.

그 순간은 마치 집에서 만든 케이크 한 조각처럼 여행
자들에게 친근함을 물씬 풍겼다.

'여행자'는 '나그네'나 '관광객'과는 다른 의미를 함축
한다. 여행자는 낯선 곳을 일부러 방문한 사람이다. 그가 느
끼는 친근함은 우리가 일상에서 느끼는 친근함과는 다를 것
이다. 그 친근함을 '집에서 만든 케이크 한 조각'으로 표현
했다. 이 또한 말과 이미지로는 이끌어낼 수 없다. 우리는 글
에서 이를 만져 내 생각으로 인도하고 해석하며 공감할 뿐
아니라, 저자의 생각이나 느낌과는 무관한 나의 것들로 변
형하기도 한다. 글은 정해지고 완결된 것이지만 읽는 이에
게는 무한에 가까운 생각의 재료들이 된다. 섬세한 사유라
고 할 때 '사유'가 꼭 사상적인 내용에 국한될 까닭은 없으
며, 국한될 수도 없다. 말 그대로 '생각의 갈래'들이 섬세하
고 농밀하게 '창조'된다.

낱말 만지기의 훈련이 반복되고 내공이 쌓이면 완전히
새로운 방식의 만지기를 시도해보기도 한다. 예를 들어 "꿩
대신 닭"을 보자. 사전적 의미로는, 적당한 것이 없을 때 부
족하지만 비슷한 것으로 대신하는 경우를 비유하는 말로 흔
히 쓰인다. 꿩은 우리나라에서 흔한 야생 조류였고 버릴 데
가 없는 새로 다양하게 활용되어 왔다. 꿩은 아주 오래전부

3장 만지고, 흔들고, 맡고, 맛보기

터 사람들에게 많은 것을 제공했는데, 고기를 구하기 어려 웠던 시절에 사람들은 영양분을 보충하기 위해 꿩을 사냥했 다. 우리 조상들에게는 매우 귀중한 음식이고 별미였다. 특 히 농사가 주를 이루었던 과거에는 소가 아주 귀한 동물이 었기 때문에 쇠고기로 떡국 육수를 내기가 어려워서 꿩고기 로 육수를 냈다고 한다. 그런데 야생의 꿩이 내가 필요하다 고 나타나는 것도 아니어서 사냥으로 꿩을 구하기가 힘들면 어쩔 수 없이 집에서 기르던 닭으로(어쩔 수 없이 '경제적 손실을 무릅쓰고') 육수를 냈는데, 이때 '꿩 대신 닭'이라는 말이 생 겨났다고 한다. 여기까지가 통상적 이해와 설명이다.

그런데 다른 자료는 이 말이 떡국에서 유래되지 않았다 고 설명한다. 1819년 조선시대 관료이자 학자였던 김매순이 쓴《열양세시기洌陽歲時記》에 따르면 여염에서는 떡국을 육 수에 끓이는 것이 아니라 장으로 간을 한 물에 끓였고, 떡국 에 꼭 고기를 넣은 것도 아니었다고 한다. 그리고 고기를 넣 더라도 형편에 따라 돼지고기, 쇠고기, 닭고기 등 가리지 않 고 아무 고기나 넣었다고 한다. 1849년에 홍석모가 쓴《동국 세시기東國歲時記》에도 여전히 장으로 간을 한 물에 떡국을 끓이고, 냉면처럼 쇠고기와 꿩고기를 고명으로 올렸으며 후 춧가루를 뿌렸다고 기록된 것을 보면, 꿩고기를 육수 내는 데 사용하지 않고 고명으로만 썼음을 알 수 있다.

1930년대에 꿩고기 요리가 다양해지면서 서울에서 꿩고기 만두가 유행했고, 평양에서는 꿩고기 냉면이 등장했다는 기록을 찾을 수 있다. 당시 물가를 고려하면 꿩이 닭에 비해 비싸지도 않았다. 비싸지 않은 가격이라면 떡국에 꿩 대신 닭을 넣을 이유도 없었다. 떡국에서 꿩고기가 사라지고 쇠고기 떡국이 일반화된 것은, 1950년대에 전란으로 인해 시장에서 꿩이 사라졌기 때문이었다. 하지만 꿩 대신 닭을 쓰는 것이 아니라, 아예 꿩고기를 빼버리고 쇠고기로만 떡국을 끓여내는 방식이 지금까지 이어지고 있다.

　　좀 더 근거 있어 보이는 유래는 정조와 고종의 고사에서 찾을 수 있다. 정조는 납품업자들이 매일 납품하기에는 꿩의 수효가 부족하다고 하자 모자라는 만큼 닭으로 납품하도록 했다. 그러자 임금의 식사와 대궐 안 식사 공급을 관장하던 사옹원司饔院에서 '꿩 대신 닭'으로 바치려면 꿩 한 마리당 닭 세 마리로 대체해 납품하라고 요구했다. 이에 상인들이 손실을 입어 민원을 제기하자 정조는 꿩 한 마리당 닭 한 마리로 납품토록 하고 법규로 명문화했다.

　　꿩과 닭을 등가로 친 건 그만큼 꿩이 흔했기 때문이었겠지만 절기가 맞지 않는, 즉 숲이 우거져 꿩 사냥이 어려울 때도 있기 때문이기도 했다. 1867년에는 납품업자들이 겨울이 아니면 꿩을 사냥하기 어려우니 사냥이 가능해질 때까지

한시적으로 꿩 대신 닭을 납품하게 해달라고 간청하자 고종이 허락했다. '꿩 대신 닭'이라는 말은 이렇게 정조를 거쳐 고종의 고사에서 유래했다고 보는 것이 가장 합리적인 듯하다. 직접적 이해관계로 얽힌 응사계 납품업자들이 '꿩 대신 닭'이라는 말을 시중에 퍼뜨렸을 것이다. '버금가는 것으로 대신' 할 때 "이만하면 꿩 대신 닭은 되겠지"와 비슷한 말이 쓰였다가 오늘날 우리가 쓰는 "꿩 대신 닭"이 굳어졌을 수도 있다. 얼쑹덜쑹하나마 정을 표하고 실례는 면할 수 있다는 뜻의 말이 그렇게 생겼을 수도 있다.

이런 식의 '낱말 만지기'가 가능한 것은 읽는 속도를 내가 정하기 때문이다. 제공자의 속도를 따라가며 수동적으로 수용하는 것이 아니라, 언제 어느 대목에서건 읽기를 멈출 수 있고, 필요하다면 심층 지식을 찾아볼 수 있으며, 그 내용을 '사유'할 수 있기에 가능하다. 도중에 호기심이 발동해 정보와 문헌을 찾을 수 있는 건 글이 아니면 거의 불가능하다. 단순히 검색에 그치지 않고 상상과 도발도 가능하다.

옆으로 샌 길이 제법 길었지만, '낱말 만지기'는 이렇게 폭이 매우 넓고 깊이도 제법 깊어질 수 있는 수단이다. 옆길로 새는 것 자체가 때로는 '낱말 만지기'의 일부이기도 하다. 거기에서 파생·변용되거나 영감을 얻은 콘텐츠는 매우 강력하고 매력적일 수 있다. 섬세한 사고가 단순히 철학적 사유의 깊이나 갈래의 차원만을 의미하진 않는다. 그러니 섬세하게 낱말을 만져보시라.

공간을 만져본다는 것

앞서 지도를 통한 낱말 만지기에 대해 말했다. 조금 더 나아가보자. 낱말 만지기는 생각보다 훨씬 유익할 뿐 아니라 재미도 있다. 지금은 거의 하지 않는 놀이이지만, 놀잇감이 부족하던 예전에는 지리부도만 있어도 제법 즐겁게 놀 수 있었다.

예를 들어 한 사람이 먼저 지도를 탐색해 지명을 찾으면, 상대가 그곳을 지도책에서 찾는 것이다. 가능한 한 낯선 지명일수록 유리하고 지리부도의 내용이 상세할수록, 즉 난이도가 높을수록 흥미진진해진다. 예를 들어 오스트레일리아의 태즈메이니아섬에 있는 '호바트Hobart'라는 도시를 찾을 경우, '호바트'라는 지명만 말해준다. 그러면 쉽게 찾지 못하기 때문에 스무고개처럼 하나씩 힌트를 준다. 물론 힌트가 주어질 때마다 감점된다. 그렇게 해서 마침내 그 지명을 찾아내면 걸린 시간을 따져 승부를 가린다. 처음에는 국명으로 시작해 수도로, 그다음에는 모든 지명을 망라하는 식으로 점점 난이도를 높인다. 국내와 외국으로 나누기도 한다. '산'이나 '강'으로 범위를 특정할 수도 있다. 우랄산맥을 가본 적이 없어도 낯설지 않은 건 그런 식으로 지도에서 수없이 만져봤기 때문이다.

그렇게 만져본 지명은 그냥 듣기만 했던 지명과 다른 느낌으로 다가온다. 친근감도 생기고 호기심도 커진다. 지명과 관련된 것들을 찾아보기도 한다. 디트로이트에서 어째서 자동차 산업이 발달했는지, 제2차 세계대전 당시 히틀러가 소련을 침공하면서 지금의 아제르바이잔에 있는 도시 바쿠에 왜 그토록 집착했는지 등을 지도 만지기를 통해 쉽게 이해할 수 있었다. 지도 만지기는 특히 국내 지명을 다룰 때 훨씬 더 효과가 있다. 예를 들어 전라남도 영광에서 모시송편이 유명하다는 걸 '정보'로 알았다 치자. 이미 영광이 어디에 있는지 지도에서 만져본 내게 그곳은 낯설고 막연한 곳이 아니다. 단순히 '굴비'로 유명하다는 것만 알고 있는 장소가 아니다. 처음 가보면서도 이동 경로 속에서 어떻게 그곳으로 접근하고 있는지 느낀다. 이정표에서 남은 거리가 줄어들수록 영광은 더 가깝게 '만져'진다. 그냥 차 타고 지나치는 곳일 때나 일로 방문하는 목적지일 때와는 다르게 만져진다.

내가 영광을 '만지게' 된 동기가 모시송편이었던 건 그 떡을 먹었기 때문이다. 누군가 보내준 떡 택배 상자에 '영광

모시송편'이라고 적힌 걸 보았다. 떡이 맛있어서 언젠가 영광에 가면 제대로 맛보고 싶었다. 그런데 정작 '모시'가 뭔지 모를 수 있다. 이제는 모시로 만든 옷을 입을 일이 별로 없으니 모시라는 옷감도 잘 모르거니와, 하물며 모시라는 '식물'은 더더욱 모른다. 그런데 '모시송편'에 대한 상품설명서(광고지)를 읽게 되면 송편의 성분 일부를 모시라는 식물에서 추출했다거나, 예전에(물론 지금도) 모시로 고급 옷을 지어 입었다는 정보를 접할 수 있다. 모시라는 옷감을 알고 있던 나도 '음식으로서의 모시'는 전혀 몰랐기에, 자연스럽게 모시가 어떻게 생겼는지 찾아보게 된다. 이렇듯 '미리 만져본' 영광은 새로운 느낌으로 나를 맞는다. 그렇게 '만져본' 영광은 이후에도 특별한 의미로 각인된다. 직접 그리고 다양하게 만져본 지명이기 때문에 영광이라는 지명을 들을 때마다 살갑고 가까이 느껴진다.

경주 남산을 '만졌을' 때도 놀라웠다. 경주를 자주 방문했던 사람들도 막상 남산에 오르는 일은 드물다. 남산은 그 자체로 하나의 거대한 노천 박물관이다. 남산을 만져본 경주와 남산을 빼고 만져본 경주는 다르다. 이미 다녀온 사람들이 쓴 책들이나 사진들로 남산을 만져 그곳이 특별해지면, 경주를 만질 때의 감도 또한 달라진다. 내게 가장 특별한 경주 만지기는 최종현 교수의 《옛사람의 발길을 따라가는 우리 건축 답사》라는 책 속의 '경주의 도시계획과 터 잡기'라는 꼭지 덕분이었다. 이제는 경주 시내의 모습이 하루가 다르게 변모하고 있어 남산에서도 충분히 관찰하기 쉽지 않지만, 남산에서 경주를 바라볼 때 최종현 교수의 서술을 짚어가며 만져보면 놀라운 체험 속에서 사유의 확장을 경험하게 된다. 이는 단순히 신라인들의 경주 도시계획에 대한 이해와 지식을 넘어 놀라운 혜안을 얻게 해준다. 이런 낱말 만지기는 경주뿐 아니라 다른 모든 공간을 만지는 데도 큰 도움을 준다(경주에 가는 분들이라면 설령 남산에 오르지 않더라도 꼭 최종현 교수의 이 책을 읽고 가서 남산을 '만져'보길 바란다. 완전히 새로운 이해와 감성을 얻게 될 것이다. 다보탑과 석가탑이 '특이하게' 다른 모습으로 배열된 까닭도 알 수 있다). 만져보지 않은 도시와 인물, 음식은 그저 하나의 기호에 머문다.

역사책은 '시간'을 만지게 해준다. 건축에 대한 책이나 잡지는 '공간'을 만지게 해준다. 그렇게 만진 시간과 공간은 일상의 그것들과 다르게 들어온다. 음악은 선율과 박자 그리고 화성을 만지게 하고, 미술은 색채와 형태를 만지게 해준다. 철학은 사상을 만지게 해준다. 이러한 낱말 만지기의 경험은 명사에서 시작되는 게 일반적이나, 점차 다른 품사의 낱말들도 만져보면서 새로운 이해와 사유의 확장을 경험하게 된다.

낱말 만지기의 인식론

예전에 중학교 다닐 때 한 선생님께서 이렇게 말씀하셨다.

> 자, 선생님이 지금 설명한 거 이해하겠니? '들을 때'는 그게 무슨 뜻인지 아는 것'처럼' 느껴질 거야. 그래서 자기 것이 되었다고 착각하지. 하지만 그건 들어서 '흐름'을 이해했다는 거지 전체 내용이나 핵심적 개념과 방식을 내 것으로 만든 건 아니야. 내가 이해했고 '소유'했다는 것을 객관적으로 확인할 수 있는 방법은 무엇일까? 그건 바로 옆 사람에게 '설명'해보는 거야. 그러니 여러분들의 짝꿍은 그냥 같은 반 친구가 아니라 여러분들에게 좋은 공부의 등대가 되는 사람이라는 걸 잊지 말자. 묻고 답하는 것 자체가 최고의 학습이고 스승이야. 쑥스럽거나 옆에 친구가 없는 경우는 자기 자신에게 설명해보거나 글로 써보면 될 거야.

다행히 내 짝은 인내심이 있었고, 우리 둘 다 성적에 대한 열망이 강했기에 서로 설명하는 일에 제법 열성적이었다. 흥미로운 건 분명히 아까 수업 시간에 들었던 내용을 알고 있다고 생각했는데, 이를 논리적으로 설명하는 일이 그리 쉽지 않았다는 점이다. 그래서 한 사람이 설명할 때 머뭇거리거나 미진한 부분이 나오면, 다른 사람이 반박하거나 보충 설명하면서 자연스럽게 내용을 정확히 이해할 수 있었다. 그래서 시험 때가 되면 중정 벤치에서 시험 범위의 내용을 서로에게 설명하며 시험에 대비하곤 했다. 물론 학년이 바뀌거나 고등학교에 진학한 뒤에는 그런 짝을 만나지 못해 혼자 중얼거리거나 짧게 글로 쓰면서(책을 베끼는 게 아니라) 정리하곤 했다.

나중에야 그게 매우 유용한 낱말 만지기 학습 방식이라는 걸 깨달았다. 어떤 낱말이나 문장을 이해했다는 것은 그것을 내 안으로 받아들였다는 의미다. 이해하지 못하는데 안으로 들일 수는 없다. 이해한다는 것은 기본적으로 인과관계를 비롯한 논리적 서술을 놓치지 않고 따라잡으며, 거기에 담긴 뜻에 공감하고 동의한다는 것이다. 문제는 제대로 이해했느냐 하는 점이다. 전적으로 나의 주관적 이해일 뿐 객관적으로 검증할 수 없다.

객관적 이해가 없으면 모래 위에 짓는 집과 다르지 않다. 그 객관적 이해를 검증할 수 있는 첫 단계가 설명하기

3장 만지고, 흔들고, 맡고, 맛보기

다. 내 설명을 들어주는 사람이 있으면 더 좋겠지만, 부득이 할 때는 나 자신에게 '들려주는' 것만으로 어느 정도 대신할 수 있다. 내가 그 논리적 관계를 풀어내지 못하면 설명하는 일 자체가 불가능하기 때문이다. 전체적 맥락은 이해하지만 특정 부분에서 막히는 경우도 허다하다. 우리가 수업이나 강연에서 질문하는 건 바로 이런 부분에 대한 보충설명을 요구하는 것이다. 설명하면서 막히는 부분은 체크했다가 여러 자료를 통해 보충하는 과정을 거치면, 어느 정도 전체 맥락과 각 부분의 정합整合을 채울 수 있게 된다. 이게 제대로 된 낱말 만지기이다.

이 과정에서 얻은 소득 가운데 하나는, 핵심어를 다른 낱말로 바꾸면(정확히 말해 그 낱말 자체가 생각나지 않거나 외우지 못해서 다른 낱말로 바꾸면) 의미는 변질되지 않지만 다른 뜻으로 변용·확장될 수 있다는 점이다. 하나의 낱말이 정해진 하나의 의미만을 담는 것은 아니며, 비슷한 낱말 또한 그 의미의 핵심을 정확히 담기도 한다. 명확성과 유사성의 관계는 적확한 이해와 그 확장성을 보장하는 관계일 수 있다. 대학에서 비트겐슈타인을 배우면서 그가 후기 철학으로 대전환할 당시의 작은 에피소드를 접했을 때 이를 확실히 확인할 수 있었다. 현대철학의 거의 모든 영역에 가장 큰 영향을 미쳤다는 평가를 받는 철학자 비트겐슈타인은 모든 언어는 세계를 표상하는 그림이라는 메시지가 담긴, 현대철학사의 이정표가 된 《논리-철학논고》를 쓰고 자신이 철학에서 할 것은 다했다며 홀연히 대학을 떠났다.

그리고 시골에 은거하며 아이들의 언어에서 새로운 영감을 얻은 비트겐슈타인은 명제가 대상과 정확히 대응한다는 《논리-철학 논고》 입장의 고수를 포기했다. 자신의 위대한 결실을 뒤엎는 전환점이었던 《철학적 탐구》를 집필한 것이다. 비트겐슈타인이 새롭게 주목한 것은 언어의 다양성과 사회성이었다. 만약 언어가 수학기호였다면 그런 다양성과 관계성이 발생하지 않았을 것이다. 어느 날 산책하던 비트겐슈타인은 벽돌공과 조수의 대화를 듣게 된다. 벽돌공이 위에서 "벽돌!"하고 외치면 지상에 있는 조수가 벽돌을 위로 던졌다. 반대로 위에 있는 벽돌공이 아래로 벽돌을 던지면서 조수에게 받으라고 할 때도 똑같이 "벽돌!"이라고 외쳤다. 같은 낱말인데 교환되는 의미는 달랐다. 벽돌을 위로 던져 받을 때와 아래로 던져 받을 때 동일한 낱말을 사용한 것이다. 맥락만 서로 파악된다면 '벽돌'이라는 낱말 하나가 '벽돌을 던져', '벽돌을 받아', '벽돌을 깨뜨려', '벽돌을 찾아', '벽돌을 숨겨' 등 다양한 뜻으로 교환될 수 있다. 하나의 명제가 하나의 대상과 정확히 대응한다는 비트겐슈타인의 언어철학은 분명 대단한 철학적 성과였지만, 그 틀에 갇히지

　　　　　　3장 만지고, 흔들고, 맡고, 맛보기

않는 언어 사용을 발견하고는 자신의 논리적 원자론에 입각한 이른바 '그림이론picture theory'의 기계적 대응관계로 보는 서술을 포기한 것이다.

여기에서 비트겐슈타인의 언어철학을 상세하게 다룰 수는 없지만, 그의 전기 철학과 후기 철학은 낱말 만지기의 대표적 사례가 될 수 있다. 친구에게 설명하는 것이 유리한 이유는, 둘이 함께 수업을 들었기에 기본 배경과 흐름의 이해를 공유하고 있어서다. 그뿐만 아니라 상대의 표정이나 대응을 통해 내가 설명하려는 내용을 좀 더 명확하고 쉽게 이해하거나 확인할 수 있다. 비트겐슈타인의 후기 철학인 '사용이론use theory'은 그런 다양한 맥락을 만져봄으로써 낱말의 의미를 쉽게 교환하게 해줄 뿐 아니라, 개념을 더 넓게 사용할 가능성을 확립해준다. 그림이론에서도 만져질 수 있지만, 철저히 언어와 대상의 일대일 대응관계 속에서 만져졌다. 하지만 후기 철학에서는 만져지는 낱말의 범위가 훨씬 더 확장되었다.

반드시 누군가에게 설명하지 않더라도, 가상의 상대를 설정하고 내가 설명하는 방식으로 대체해도 어느 정도 낱말 만지기 효과를 거둘 수 있을 것이다. 특정 낱말에 대한 설명이 어렵거나 자신이 완전한 이해에 도달하지 못했을 때, 그 낱말을 이용한 예문을 만들어봐도 도움이 될 것이다.

계속해서 '낱말 만지기'를 다루는 까닭은 글을 읽거나 쓰기 전에 최대한 이해하는 방식의 훈련이 도움이 되기 때문이다. 글은 쓰는 순간 한정된 의미를 표상하게 된다. 최적의, 그리고 최선의 효과를 내는 글을 얻기 위해서는 글(낱말)을 충분히 만져볼수록 좋다.

초보가 만지기 좋은 명사

인간이 가장 먼저 배우는 품사는 단연 명사일 것이다. '엄마', '맘마' 등 아이에게 가장 친근하고 중요한 대상에 붙는 이름을 먼저 배운다. 아이는 모든 감각을 동원해 이 낱말을 느낀다. 엄마의 냄새, 피부의 촉감, 목소리 등 그야말로 전 존재적으로 만지며 엄마를 알아간다. 모든 감각으로 파악된 엄마의 존재는 이후 '엄마'라는 낱말에 완벽하게 응축되어 아이에게 내재되고, 그 낱말은 평생 아주 특별한 의미와 감정으로 남게 된다. 나이가 들어도 '엄마'라는 낱말은 '어머니'와는 다른 의미와 감정으로 만져진다.

아이에게 중요한 것은 각 대상을 자신의 인식구조 안에 새기는 것이다. 명사를 하나하나 만지고 느끼며 자신의 인식구조에 새겨 넣는다. 이렇게 여러 명사를 만지면서 자연스럽게 언어라는 독특한 체계를 이해하게 되고 사용하게 된다. '이해하고 사용한다'는 표현이 아니라 이해하게 '되고' 사용하게 '된다'는 표현을 쓴 것은, 처음에는 능동적으로 언어를 수용하지 않았지만 어느 순간 삶에 매우 중요한 도구로 자리 잡게 된다는 의미이다. 그렇게 하나씩 만지는 낱말이 늘어나며 품사의 확장을 경험하고, 언어라는 전체 체계를 자연스럽게 수용하게 된다.

명사는 낱말 그대로 만지기가 가능하다. 엄마를 만지고 젖병을 만지며 농구공을 만진다. 각각의 촉감이 다르듯 그 대상의 인식과 감정도 다르다. 그렇게 우리는 명사 만지기를 통해 언어를 습득하고 사고를 형성한다. 낱말 만지기를 명사로 시작하는 건 그만큼 익숙한 방식이기 때문이며, '세워놓고' 다양하게 만지는 연습을 하기에도 좋기 때문이다. 그래서 낱말 만지기를 명사로 시작하는 것이 유리하다.

일단 다른 품사와 달리 명사는 구체적인 대상이 있어서 시각적으로 감각할 수 있다. 예를 들어 '시계'는 시침과 분침이 일정하게 유기적으로 돌아가면서 시간을 측정해주는 도구로, 집 안에서도 쉽게 찾아볼 수 있는 사물이다. '시계'라는 낱말을 만지는 건 단순히 그 대상을 감각하는 게 아니라 그 낱말이 지닌 수많은 요소들을 꺼내 만지는 것이다. 왜 인간이 시계라는 물건을 만들었는지, 시간은 어떻게 측정되는지, 처음으로 내 시계를 갖게 된 건 언제였는지, 시계의 구성과 역사 등 수많은 것들을 만질 수 있다. 내가 《명사의 초대》라는 책을 쓴 방식은 이렇게 '명사 만지기'를 모아놓은 결과물이었다.

명사 만지기는 단순한 듯하지만 만지면 만질수록 확장된다. 다양한 각도와 관점에서 살펴보고, 나에게 어떤 의미와 느낌으로 들어와 있는지를 살펴보며 내가 미처 몰랐던 정보를 탐구할 수 있다. 여름철 태양광선이 부담될 때 피부 보호를 위해 바르는 자외선방지크림(선크림)을 예로 들어보자. '선크림'이라는 낱말을 만지면서 무엇을 생각하고 느끼게 될까? 자외선이 왜 피부에 유해한지, 선크림은 언제 누가 어떻게 만들었는지, 선크림 용기에 표기된 숫자(SPF40이나 SPF50 같은)는 어떻게 설정되었는지, 선크림을 씻어내는 좋은 방식은 무엇인지 등 여러 내용이 만져질 수 있다. 더 나아가 대기오염에 의한 오존층 파괴와 어떤 관계가 있는지 살피면 자연스럽게 환경과 생태에 대해서도 만지게 된다.

명사라고 늘 고정된 것은 아니다. 같은 낱말도 의미와 쓰임이 달라지기도 한다. 컴퓨터는 원래 '계산하는 기기'를 뜻하는 말이었지만 지금 그런 의미로 쓰는 사람은 없다. 당연히 만지는 방식과 느낌도 다르다. 명사는 당연히 시간의 흐름에 따라, 그리고 변화와 진화의 방식과 내용에 따라 만지는 방식과 의미도 달라질 수밖에 없다. 그것은 일종의 사물의 역사이며, 그 사물이 미래에 어떻게 될지 예측하는 발단이기도 하다. 이런 이름으로서의 명사들만 모아 만져보는 것은 매우 특별한 경험이 될 것이고, 그 과정에서 예상 밖의 영감이 떠오르기도 할 것이다. 이렇듯 명사를 만지는 것은 하나의 종결된 사물을 인식하게 하는 데 그치지 않고 인식 확장의 경험을 제공한다.

사람의 이름을 만지는 건 매우 특별하다. 이름은 특정한 사람을 나타내는, 일종의 아이디ID와도 같다. 그러나 단순히 명칭에 불과한 것은 아니다. 사랑하는 사람의 이름을 만지는 건 그에 대한 사랑 전체 혹은 그 이상을 만지는 것이다. 그 이름을 떠올리는 것만으로도 엔도르핀이 치솟고 설레며, 자신의 존재 이유까지 커진다. 심지어 그가 사는 곳도 단순한 공간이 아니라 특별한 장소가 된다. 차를 타고 주변을 지나기만 해도 가슴이 뛴다. 이러한 모든 것이 그의 이름으로 소환된다. 반대로 나를 괴롭히는 사람의 이름은 그와 정반대이다. 그 이름을 만질 때마다 괴롭고 끔찍하다. 이렇게 고유명사를 만지는 건 보통명사를 만질 때와는 전혀 다른 의미와 느낌으로 다가온다.

추상명사를 만지는 것 또한 특별하다. 예를 들어 '정의justice'를 만진다면 어떨까? 이 명사에 대한 보편적 정의definition는 비슷하겠지만, 느끼는 방식은 전혀 다를 수 있다. '정의'의 사전적 의미는 사회나 공동체를 위한 옳고 바른 도리다. 처음에는 개인의 덕목에서 시작되어, 사회가 복잡해지고 이해관계의 갈등이 심화되면서 사회적 성격을 띠게 되

3장 만지고, 흔들고, 맡고, 맛보기

었다. 정의에 대한 관점이나 태도는 시대와 장소에 따라, 혹은 문화와 이념의 차이에 따라 달라졌는데, 일단 모두에게 평등한 조건이 부여되어야 한다. 100미터 경주에서 동일한 출발선에 서 있어도 말을 탄 사람과 휠체어에 탄 사람의 결과는 다를 수밖에 없다. 형식적인 기회균등이라는 평등의 개념이 무력해진다. 그러면 우리는 약자를 지원하고 배려하는 실질적인 기회균등이 마련되는 것이 정의라고 규정하게 된다. '정의'를 만지는 건 결코 고정될 수 없다.

　일반적으로 학자들은 정의가 공정성과 형평성을 제대로 갖춰야 한다는 점에는 동의한다. 그러나 이를 어떻게 실현할 수 있고 어떤 가치가 더 중요한지 등을 따지고 방법을 마련하는 데 학자들마다 이론의 차이가 나타나는 건 그만큼 '정의'라는 낱말을 만지는 게 쉽지 않음을 함축한다. 거의 동시대의 인물인 플라톤Platon과 아리스토텔레스Aristoteles가 만지는 정의가 다르고, 공리주의자들과 존 롤스John Rawls가 만지는 정의가 다르며, 롤스를 비판한 마이클 샌델Michael Sandel이 만지는 정의가 다른 건 그만큼 '정의'의 의미와 실천이 복잡하다는 뜻이기도 하다. 어떻게 '정의'를 만지느냐에 따라 정의의 이해와 실천의 방식은 달라질 수밖에 없다.

　특정한 상황을 설정한 뒤 그에 대한 구체적이고 집중적인 해석과 해법으로서 정의를 제시하는 식의 '만지기'로 확장할 수도 있다. 학교 폭력에 대한 복수의 과정을 그린 드라마 〈더 글로리〉는 가해자와 피해자의 관계가 어떻게 인간관계를 파괴하고 삶을 파멸시키는지를 둘러싼 생생한 고발과 치밀한 복수를 다룬다. 피해자의 분노, 가해자의 부도덕, 위력을 동원한 정의의 훼손 등 복합적인 추상명사들이 얽히고 풀어지는 과정을 그려냈다. 이 또한 넓게 보자면 '정의'라는 추상명사가 어떻게 훼손되고 회복되는지에 대한 스토리텔링 콘텐츠이다. 추상명사 하나만 잘 만져도 콘텐츠를 길어낼 수 있다는 점을 고려하면, 이 드라마는 매력적인 명사 만지기의 사례가 된다.

이렇듯 추상명사를 만지는 것은 다른 명사들과 달리 훨씬 많은 것들을 생각하게 만든다. 물론 거기에는 이성적·논리적 상상력과 이론적 체계에 대한 훈련이 어느 정도 전제되는 경우가 많다. 우리 언어체계 속 상당수의 추상명사가 한자어에서 비롯되었다는 점을 고려하면 이 언어들에 친숙해지는 훈련과 습관이 뒤따를 필요가 있다. 어렵고 딱딱하고 따분한 명사라고 외면하면 그 낱말을 만질 수 있는 기회를 스스로 버리는 셈이다.

명사 만지기의 백미는 상상력 만지기일 것이다. 누구나 끊임없이 뭔가를 상상한다. 하지만 실체가 쉽게 잡히지 않는다. 그냥 막연하게 공상할 뿐이다. 이노디자인의 김영세

대표는 상상과 공상을 명확하게 구분한다. 평소의 생활습관들, 즉 사물에 관심을 갖고 사용자를 관찰하며 스스로 경험하고 또 관련 지식을 챙김으로써 아이디어가 축적되어 발현되는 것은 상상이고, 그런 바탕이 없는 아이디어는 공상에 그칠 뿐이라고. 그러므로 내가 꿈꾸는 어떤 것을 다양하고 심도 있게 '만지며' 끈질기게 지속하는 것이 상상이고, 마침내 그 실체가 드러날 때가 바로 상상이 현실이 되는 순간이다. 이것이 창조의 힘을 키우는 상상력 만지기이다.

하루에 하나의 명사를 골라 짧은 휴식 시간에, 출퇴근 버스나 지하철에서, 식사 후 가벼운 산책 중에 혹은 틈날 때마다 꺼내 만지는 습관을 들이면 한 해 300여 개 넘는 명사를 꼼꼼하고 무한한 상상력이 가미된 만지기로 건져낼 수 있다. 그게 몸에 익으면 만지는 낱말의 개수가 늘고 밀도도 높아진다. 그렇게 만져진 낱말들은 어느 순간에 저희끼리 이리저리 관계를 맺고 새로운 매듭으로 엮이면서, 예상하거나 상상하지 못했던 결과들을 쏟아내게 될 것이다.

동사의 쥐는 힘

앞에서는 명사를 중심으로 낱말 만지기란 무엇인지, 어떻게 만질 수 있는지, 어떤 매력이 있는지 등을 살펴보았다. 그런데 정작 문장에서 명사보다 더 중요한 건 동사이다. 어떠한 문장에서도 동사는 대개 빠지지 않는다. 모든 문장은 주어와 동사를 기본구조로 구성된다. 이 말은 문장의 핵심 중 핵심이 바로 동사라는 점을 함축하는 것이기도 하다. 사전적 의미로 동사는 "사람이나 사물의 동작이나 작용을 나타내는 말"이다. 동사는 주어의 모든 행동과 생각을 담아낸다. 따라서 동사 없는 문장은 있을 수 없으며, 동사는 주어를 가장 직접적이고 구체적으로 서술한다.

영어를 비롯한 여러 외국어와 달리 우리말에서는 동사가 가장 나중에 기술된다. 그래서 한국말은 끝까지 들어봐야 안다는 말이 나온다. 즉, 동사 앞에 나온 모든 낱말들은 마지막에 나오는 동사의 제한을 받을 수밖에 없다. 따라서 얼마나 적절한 동사가 구사되었는지가 모든 문장의 생명을 좌우한다. 많은 외국어에서 동사가 주어 바로 다음에 나

3장 만지고, 흔들고, 맡고, 맛보기

오는 것과 달리 우리말에서는 마지막에 나오는 건 중요도가 떨어져서가 아니라 오히려 가장 결정적이기 때문이라고 볼 수도 있다.

어떤 언어학자는 어순이라는 게 낱말의 중요도에 따라 결정된 것이기에 그 위치의 무게를 무시할 수 없다고 한다. 우리말에서 "문 닫고 나가"나 "꼼짝 말고 손들어!"처럼 중요한 메시지를 앞에 두거나, 영어에서 강조를 위해 "Never did he dream that he got married"(그는 자신이 결혼하게 될 줄은 꿈에도 생각하지 못했다)처럼 도치시키듯 모든 언어가 어느 정도 그런 측면을 지녔지만, 그게 모든 것을 설명하지는 못한다.

어떤 언어사회학자는 "나는 떡을 먹는다"와 "I ate a hunk of meat"(나는 고기 한 덩이를 먹었다)의 동사 위치가 각각 다른 것은 농경사회와 수렵사회의 생활상의 차이에서 오는 것이라고도 주장한다. 식재료를 일정한 장소에서 시기에 따라 재배해 수확할 수 있는 농경사회에서는 '무엇'을 먹을지가 중요하므로 목적어가 앞에 나온다. 그러나 특정 사냥감이 내 뜻대로 보장되지 않는 수렵사회에서는 일단 '먹어야' 하는 행위 자체가 중요하기 때문에 동사가 먼저 나온다는 것이다. 물론 농경사회에서도 수확이 보장되지는 않는다. 자연환경의 조건이 해마다 달라지기 때문이다. 하지만 수렵사회와 비교하면 분명 상대적으로 보장되어 있다고 할 수 있다. 가장 기본적인 생존 조건인 '먹는 일'의 차이가 어순의 차이를 빚어냈다는 주장이다.

심지어 그런 어순 차이가 사고방식의 차이까지 결정하면서 동양 사상은 '도道'와 같은 명사, 즉 어순에서 목적어에 해당하는 부분에 집착하는 반면, 서양 사상은 '사유하는' 동사가 중심이어서 확장하고 변용하는 데 능하다는 설명까지 덧붙인다. 그러나 이는 지극히 위험한 단순화에 불과하다. 농경에 일찍 주목한 모든 사회의 어순이 '주어-목적어-동사'이고, 모든 수렵사회에 기초한 문화가 '주어-동사-목적어'의 어순이라면 또 모를까. 그러므로 단순히 어순 때문에 동사에 대한 관심사가 달라진다는 것은 무리한 판단이다.

흥미로운 점은, 우리말에서 동사가 맨 뒤에 나오는 까닭에 긴 문장은 자칫 주술관계가 어그러지거나 모호해지는, 즉 비문에 빠질 가능성이 꽤 크다는 점이다. 이는 '동사 만지기'의 '쥐는 힘'이 부족해서 생기는 경우가 대부분이다. 동사가 주어 바로 다음에 나오는 영어 등 외국어와 달리, 우리말과 글에서는 동사가 문장 전체를 한꺼번에 담아낼 수 있는 논리적 일관성을 유지해야 한다. 다시 말해, 우리말에서 동사는 문장을 완전히 장악할 수 있는 통제력을 갖춰야 주술관계의 일치를 유지할 수 있는 것이다. 그러니 아무리 긴 문장도 마지막에 동사가 앞의 모든 낱말을 담아낼 수 있도록 긴장해야 한다. '동사 만지기'는 바로 이 점에 초점을 맞춰야 한다. 단순히 하나의 낱말 혹은 하나의 품사 영역을 넘어, 문장 전체를 지배할 수 있는 논리적 뼈대를 유지할 악력을 키우는 것이 '동사 만지기'의 핵심이다.

알베르 카뮈Albert Camus는 《시시포스 신화》에서 "인간들 역시도 비인간적인 것을 분비한다"고 말했다. 이 문장의 동사를 만져보자. '분비하다'라는 말은 어떤 느낌으로 다가오는가. 분비는 세포가 침이나 소화액, 호르몬 따위의 물질을 세포 밖으로 배출하는 것을 의미한다. '배설하다'와 다르고 '흘리다'와도 다르며 '내뿜다'와도 다르다. 생물학적 용어를 사용함으로써 가치 중립적으로 쓰인 듯하지만, 묘하게도 이를 거슬러, 혹은 그것과는 다른 '의도'로 쓰이기도 한다. 분비되는 대상은 주로 침이나 땀 등이다. 뭔가 '끈적한 것'을 밖으로 내보내는 느낌이다. '인간적인 것'을 분비한다는 문장은 문법적으로 어색하지 않지만, 일반적인 언어 관습에는 맞지 않는 느낌이다. '분비'라는 말은 생물학적 서술을 제외하면 그다지 긍정적 의미나 의도로는 잘 쓰이지 않는 표현이다. 단순히 '비인간적인 것을 드러낸다'는 것과 이를 '분비'한다는 표현은 다르다. 그것은 문장 전체를 관통하는 음습하고 우울한, 그러나 부인할 수 없는 진실을 '끈적하게' 드러내는 말이다.

　"인간들 역시도 비인간적인 것을 분비한다"는 내용을 언어가 아닌 다른 것으로 표현할 수 있을까? 설령 화상으로 가능하다 해도 펼쳐내려면 훨씬 더 많은 서사가 필요하다. 따라서 이를 간단하게 표현할 수 있다는 것은 언어의, 특히 글의 힘이다. 그리고 '분비한다'는 용어는 언어가 아니고서는 도저히 함축적으로 표현할 수 없다. 우리는 이 문장을 스쳐 읽거나 들어도 '분비하다'의 의미를 포착할 수 있다. 게다가 그 동사를 만져봄으로써 문장 전체의 서사가 갖는 의미를 만져볼 수 있다. 동사가 술어의 기능을 담당하는 용언이자 문장 성분이라는 좁은 범주를 벗겨내기만 해도 곧바로 실감되지 않는가. 명사에 비해 동사는 만지기가 막연하고, 더 심층적인 의미와 함축을 풀어내야 해서 한계가 있다고 느낄 게 아니다. 문장 전체를 장악하는 힘은 오히려 동사에 있다.

　앞서 언급했듯 우리말 어순이 새삼 특별한 역할을 한다는 점에 주목한다면 더더욱 그렇다. 서양 언어들처럼 주어 다음에 곧바로 동사가 나오는 경우, 문장의 '성분'을 구성하는 낱말들을 중심으로 이해하면서 부수적으로 나열된, 생략해도 무방한 구phrase나 절clause은 순차적으로 이해하면 된다. 그러나 우리말에서는 문장의 핵심 성분인 동사가 대개 문장

　　　　　3장 만지고, 흔들고, 맡고, 맛보기

의 마지막에 나오기 때문에 그에 대한 궁금증과 긴장을 유지할 수밖에 없다. 나는 이러한 긴장관계가 우리말과 글의 매우 큰 매력이자 장점이라고 생각한다. 마지막 나오는 동사에 따라 문장 전체가 완전히 달라질 수 있기 때문이다. 서양 언어의 어순에서는 먼저 나오는 동사가 다음 낱말들에 대한 궁금증을 자아낸다면, 우리말 어순에서 동사는 끝까지 문장의 긴장감을 유지하게 해준다. 그게 동사 만지기의 핵심이다. 나는 이런 점이 오히려 우리말에서 동사가 갖는 독특한 매력이라고 생각한다. 다만 주어와 동사가 멀리 떨어져 있기 때문에 비문의 함정에 빠질 위험성을 늘 경계해야 한다.

형용사라는 축복

'늙다'의 맞선말(반대어)은 '젊다'이다. '젊다'는 형용사이다. 그런데 '늙다'는 동사이다. 이른바 상태동사이다. 형용사는 주체의 성질이나 상태를 나타내는 말이다. 영어에서 형용사가 서술적 용법과 제한적 용법으로 쓰이는 것과 달리, 우리말에서는 다음 말을 꾸미는 역할의 말은 관형사로 구분한다. 영어의 서술적 용법에 견주면 우리말의 동사와 형용사는 '용언用言'으로 지칭된다. 용언은 "대상의 동작과 상태의 성질을 나타내며 문장에서 서술하는 기능을 수행하는 단어들의 큰 부류"이다.

전통적으로 우리말에서는 동사와 형용사를 명확하게 구분하지 않는다. 영어에서와 달리 형용사가 문장의 서술어가 될 뿐 아니라 활용어미가 붙는다는 점, 서술격 조사가 붙는다는 점에서도 이러한 구분이 애매할 때가 많다.* 우리말

---

* 동사는 '~ㄴ다' 어미와 청유형·명령형·진행형 어미가 가능하지만, 형용사는 그런 형태로 사용할 수 없다. '먹다'는 '먹는다'가 가능하지만 '바쁘다'는 '바쁜다'가 불가하고, '먹자'는 가능하지만 '바쁘자'는 어색하다.

3장 만지고, 흔들고, 맡고, 맛보기

에서 형용사는 동사에 버금가는 역할을 수행하므로 앞서 동사 만지기에서 본 것처럼 주술관계의 유지에 집중해야 한다. 그뿐 아니라 수식어와 피수식어의 일치에 대해서도 긴장을 놓으면 안 된다.

관형사든 형용사든 대상의 성질과 상태를 나타내는 말은 많은 콘텐츠를 담아낼 수 있다. 그런데 관형사의 경우 문장에서 생략해도 무방한 성분이기 때문에 크게 주목하지 않는 경우가 많다. 부사 또한 비슷한 이유로 무시되기 일쑤이다. 그러나 큰 뼈대라서 간결하고 명확해야 하는 주어나 술어와 달리, 그렇지 않은 품사의 낱말들의 경우 그런 제약에서 벗어나 있기에 오히려 더 자유롭고 풍부한 콘텐츠를 담아낼 수 있다.

생선의 가시를 발라내듯 불필요한 것을 제거하고 핵심을 파악하는 것은, 경제적 요인을 배제하더라도 이해와 소통에서 중요한 일이다. 그러나 제거하고 생략하는 것 자체가 습관이 되면 은연중에 힘의 중심에만 주목하고 다른 것들은 무시하는 품성을 갖게 될 수 있다. 그런 언어 습관이 있으면 '부스러기'쯤으로 여겨지는 것은 언제든 제거해도 괜

'먹어라'와 '바빠라'도 마찬가지이며, '먹는 중이다'는 가능하지만 '바쁜 중이다'는 쓰지 않는다. 이런 구분이 동사와 형용사를 구별하는 데 도움이 된다.

찮다는 위험한 생각이 자라날 수 있다. 그래서 무의식이 위험하다. 윤리와 도덕을 아무리 가르치고 배워도, 인격과 정의를 아무리 강조해도 이런 무의식이 자리 잡고 있으면 언제든 내 의식을 배반하고 튀어나올 수 있다. 형용사/관형사를 만지면서 그런 태도와 습관을 경계해야 한다. 그 어떤 것(사람)도 무시해도 좋을 것은 없다.

언어경제적 측면에서는 갈수록 짧아지는 문장들이 자연스럽지만, 콘텐츠의 생산과 소비, 그리고 교환의 측면에서는 주의하지 않을 수 없다. 다음의 문장을 살펴보자.

오랫동안 매달렸고 꿈에서도 나올 만큼 골치 아픈 일을 끝내자 속이 시원해지는 한편 이상하게도 섭섭한 느낌이 갑자기 엄습했다.

어떤 일이 있다. '오랫동안 매달린' 일이고, 부담 때문에 '꿈에서도 나타나는' 일이었으며, '골치 아픈' 일이다. 세 개의 형용사(관형어)가 하나의 명사(일)를 설명한다. 구체적인 것은 없다. 그러나 적어도 그 '막연한' 수식어들로 인해 일이 어떻게 그를 괴롭혔는지 짐작할 수 있다. 그냥 '하나의 일'이 아니다. 이때 나는 내가 유추할 수 있는, 내가 경험했던 일과 느낌을 소환해 짐작한다. 그 일이 끝났을 때 느꼈던

3장 만지고, 흔들고, 맡고, 맛보기

해방감이 '시원하다'로 표현된다. 그 감정을 표출하고 표현할 수 있는 많은 형용사/관형사가 있는데도 '시원함'을 꺼낸 것은, 단순히 청량감을 넘어 내면의 어떤 막힘이나 불안의 감정이 일소된 상태임을 보여준다.

그런데 '섭섭하다'는 건 아쉬움이다. 그 아쉬움은 부족함이 아니라 오랫동안 시달렸던 고통, 그리고 고통에 맞서 싸웠던 나의 분투에서 느낀 생동감이나 존재 이유가 사위었다는 인식에서 나온 "만나서 재어보는 우리들의 거리감"* 같은 것이다. '시원섭섭하다'는 표현은 이런 감정들이 하나로 묶인 표현이다. 형용사/관형사는 단순히 꾸며주거나 설명해주는, '있어도 그만 없어도 그만'인 문장 성분이 아니다. 이들은 서로가 유기적으로 연결됨으로써 의미를 표상·강화해 하나의 유기체로서의 문장을 만나게 해준다.

시(C) 여학교에서 교원 겸 기숙사 사감 노릇을 하는 비(B) 여사라면 딱장대요, 독신주의자요, 찰진 야소꾼으로 유명하다.

현진건의 소설 《B사감과 러브레터》 속 문장 속에 나온

* 김창완의 시집 《인동일기》의 한 구절이다.

'딱장대'는 성질이 사납고 억세서 온순한 맛이 없는 딱딱한 사람을 뜻하고, '야소꾼'은 예수꾼, 즉 기독교 신자를 지칭한다. '찰지다/차지다'*는 "(반죽이나 밥 등이) 퍽퍽하지 않고 끈기가 많다"는 뜻과 더불어 "(사람의 성질이) 빈틈이 없이 야무지고 깐깐하다"는 의미를 담고 있다. 소설 속 B사감은 "사내란 믿지 못할 것, 우리 여성을 잡아먹으려는 마귀인 것, 연애가 자유니 신성이니 하는 것도 모두 악마가 지어낸 소리인 것"이라고 확신하는 남성 기피증이 있고, 연애편지와 면회 오는 남자를 극도로 싫어하는데, '찰진'이라는 낱말 하나로 그 집요함이나 철저함을 충분히 짐작할 수 있다. 이 문장 전체를 단박에 쥐는 힘은 바로 이 '찰진'이라는 형용사에 집약되어 있다. 그리고 이는 단순히 한 문장을 쥐는 힘이 아니라 소설 전체를 관통하는 성격으로 발현된다.

배우 전도연이 주연한 영화 〈길복순〉에서 "인생 뭐 셀프니까"나 "참 모순이야. 이런 일을 하는 엄마라니. 사람 죽이는 건 간단해. 애 키우는 거에 비하면." 같은 찰진 대사는 '이런' 일을 하는 엄마가 '사람 죽이는' 일과 '애 키우는' 일을 함께하는 엄마로서의 정체성을 명료하고 효과적으로 잡

---

* '찰지다'는 '차지다'의 방언이었으나 2015년 12월 국립국어원에서 '차지다'의 원래말로 보고 표준어로 인정했다.

아준다. 어떤 점에서 명사는 감정이나 판단이 개입할 수 없고 동사는 서술의 기능만 하는 반면, 형용사/관형사는 정서적 표현이나 감정을 마음껏 드러낸다. 심지어 판단까지 개입시켜 화자가 전달하려는 의미를 가장 효과적으로 담아낼 수 있다. 때로는 건조한 수식어조차 그 역할을 엄청나게 성공적으로 수행하는 경우가 많다. 그러니 어찌 가볍게 넘길 형용사/관형사가 있겠는가. 그런 낱말 하나가 빚어낼 수 있는 잠재성은 무궁무진하다. 그걸 만져내야 한다.

우리말에 다양한 감각과 풍부한 감정의 언어가 넘친다는 건 하나의 축복이다. 그 축복이 콘텐츠라는 구체적 선물이 될 여지는 무한하다. 그게 '형용사 만지기'의 매력이고 행운이다. 그림(사진이나 영상)으로는 설명할 수 없는 이 축복의 요소들을 가볍게 묵살한 채 오로지 언어경제적 측면에서 거리낌 없이 생략하며, 말의 뼈대만으로 생각을 전달할 수 있다고 믿는 건 그 선물을 외면하는 어리석은 일이다.

시인의 부사

부사는 동사, 형용사, 여러 구, 다른 부사를 수식하고, 문장 전체를 수식하기도 한다. 즉, 명사를 제외한 거의 모든 단위를 수식할 수 있다는 게 부사의 특징이다. '버금 부副'가 붙어서 독립적으로 쓰이지 못한다거나, 걷어내도 문장에 큰 영향을 미치지 않는다고 여길 수도 있다. 그러나 부사 만지기야말로 낱말 만지기에서 매우 중요한 역할을 차지할 뿐 아니라 콘텐츠 생산에서도 놀라운 결과를 만들어낼 수 있다는 점에 주목해야 한다.

긴 겨울 지나고 아파트 단지 뒷마당에 수줍게 고개 내민 수선화가 함초롬히 피어나기 시작했다.

'함초롬히'는 "담뿍 젖어 있거나 어떤 기운이 서려 있는 모양이 차분하고 곱게"라는 뜻의 부사이다. 활짝 핀 것도 아니고 보란 듯 뻐기는 기세도 아니지만, 자신의 존재를 일부러 숨기거나 부끄러워하지 않는 수선화의 존재를 '함초

3장 만지고, 흔들고, 맡고, 맛보기

롬히'라는 부사어 말고 어떤 말로 대체할 수 있을까. 있어도 그만 없어도 그만인, 그래서 언제든 거리낌 없이 '생략할 수 있는' 부사 하나가 이 문장 전체의 느낌을 장악하고 있다. 그리고 그 힘은 결코 함초롬하지 않다. 이 문장에서 '함초롬히' 없이 "수선화가 피어나기 시작했다"고 한다면 맥 빠지고 건조한 문장이 되고 만다. 이 부사가 갖는 의미와 매력을 어떻게 설명할 수 있을까.

도스토예프스키Fyodor Mikhailovich Dostoyevsky의 소설을 '함초롬히' 쓰거나 읽는 건 상상하기 어렵다. 그러나 다양한 방면의 글을 쓰다 소설에 정착한 미나토 가나에湊かなえ의《왕복서간》은 잠재된 서늘함에 대한 집요한 추적을 다루면서도 그 전개는 묘하게 '함초롬히' 펼쳐진다. 인간 심연의 독을 정면에서 응시하는 '차가운 매력'은 미스터리 장르 특유의 긴박함보다는 차갑지만 춥지는 않은 미묘한 떨림으로 펼쳐진다. 편지 형식으로만 전개되는 방식 자체가 지닌 특유의 서행徐行이 그런 독특한 산미酸味를 느끼게 한다. 이렇게 '함초롬히'라는 낱말은 그저 어떤 대상의 모습을 수식하는 부사에 그치지 않고 이야기의 뼈대를 구성하는 전체 속도와 태도를 잡아줄 수도 있다. 어떻게 만지느냐에 따라 경우의 수는 무한하다.

평소에 잘 쓰지 않아 낯선, 낱말이 예뻐서인지 다행히

조금씩 사람들에게 회자되는 '시나브로'는 또 어떠한가. 나는 예전 중학교 국어 교과서에 실렸던, 한글학자이자 수필가 이상보의 〈갑사로 가는 길〉에서 이 낱말을 처음 만났다. "날은 시나브로 어두워지려 하고 땀도 가신 지 오래여서, 다시 산허리를 타고 갑사로 내려가는 길에, 눈은 한결같이 내리고 있다." 시나브로는 "모르는 사이에 조금씩 조금씩"을 뜻하는 부사어이다. "날은 어두워지려 하고"만으로도 시간과 상황을 설명하고 전달할 수는 있지만, '시나브로'라는 부사 하나가 그것을 더 감칠맛 나고 감각적으로 끌리는 상황으로 심화시켰다. 눈 내리는 겨울이니 어둠은 좀 더 빨리 시작될 것이고 마음은 조급해진다.

그러나 '시나브로' 어두워진다는 묘사에서 조급함은 찾아볼 수 없다. 오히려 노을이 빚어내는 빛의 그러데이션gradation, 즉 명암과 색조의 부드러운 변이 혹은 이행移行을 시각적으로 풀어낸다. 이렇듯 만져보면 달라진다. 얼마나 놀라운 경험인가. 그 시간과 색조의 이행은 결코 빠르지 않다. 천천히, 조금씩, 그러나 직전의 그것과는 다른 스펙트럼을 만지는 여유가 바로 이 부사 하나로 인해 펼쳐진다.

부사의 큰 밭은 의성어와 의태어에 있다. 일본어를 비롯한 소수의 몇 개 언어를 제외하고 우리말만큼 의성어·의태어를 보유한 언어는 찾기 어렵다. '딸랑딸랑', '달그락달그

3장 만지고, 흔들고, 맡고, 맛보기

락', '쪼르르', '울렁울렁', '벌렁벌렁', '폭신폭신'과 같은 부사어들은 얼마나 매력적인가. 마치 내 귀에 들리는 듯, 내 손에 만져지는 듯 실감 난다. '꿀꺽꿀꺽'이라는 부사를 읽을 때는 내 목젖까지 그 소리를 내고 싶고, '아삭아삭'이라는 부사는 그 자체로 귀를 지배할 정도이다. '갈팡질팡'을 읽을 때는 몸이 이리저리 흔들리는 듯하고, '꼬물꼬물'이라는 말에는 사랑스러운 아가의 손발 움직임이 그대로 보이는 듯하다.

부사는 생략되어도 무방한, 문장에 아무런 영향을 주지 못하는 나약한 품사도 낱말도 아니다. 씹으면 씹을수록 아릿한 향을 입안 가득 채워주며 혈관을 타고 온몸을 적실 듯한 오묘한 말들의 주거지이다. 나희덕의 시집《파일명 서정시》중 〈하느님은 부사를 좋아하신다〉라는 시에 다음과 같은 구절이 있다. "부사는 희미한 그림자 같아서/부사 곁에서는 마음도 발소리를 낮춘답니다." 시인은 '천천히'라는 부사가 얼마나 천천히 어두워지는지, '처음'이나 '그저'라는 부사 뒤에서 동사가 얼마나 망설이는지 보라고 말한다. '망설이는 동사'를 잡고 있는 게 부사인 셈이다.

그는 말한다. 동사들이 침묵하는 건 부사들 때문이라고. 그래서 부사를 발음하기 전에는 오래오래 생각하라고. 양치기가 양들을 불러 모은 힘은 "부사로 이루어진 그런 순간들"이며, 그래서 양치기가 사제보다 더 숭고할 수 있는 건 바로 부사 때문이라고. 명사 하나만을 바라보는 형용사는 위대하고 고귀한 영혼을 가진 남자처럼 보이지만, 부사는 바쁘고 열심이며 희생적이어서 모두를 돕고도 제값을 받지 못한 채 싹 지워져도 불평 한마디 없다며 부사를 쓰다듬는다. 시인이 부사를 만지는 손길은 따사롭다. 그래서 "하느님이나 되어야 부사처럼 살 수 있겠다"고 생각한다. 수많은 동사를 뒤치다꺼리하고, 허튼 형용사라도 달래고 키우는 그 마음에 하룻밤이나 평안이 깃든 적 있었을까 하며 애틋해한다. 부사를 만지는 손길이 저절로 보드라워지는 느낌이다.

부사가 나긋나긋하기만 한 건 아니다. 그저 무심한 듯 툭 뱉은 말 같지만 때론 문장 전체를 움켜쥐는 악력이 있다. 부사는 "실망스럽게도 그는 나와의 약속을 지키지 않았다"거나 "확실히 그는 좋은 부류의 인간은 아니다" 등의 문장처럼 문장 전체를 꾸미는 동시에 문장을 장악하기도 한다. 부사가 장악하는 영역이 생각보다 크다. 다른 품사들과 확연히 비교된다. 그런데도 여전히 문장의 성분을 구성하는 낱말이 아니라고 무시당하거나 멋대로 생략된다. 이는 단순히 건조한 생각과 느낌을 주는 것에 국한되지 않는 문제다.

우리는 주로 핵심과 주제가 되는 말에 집중한다. 내게 필요한 게 그것이니 어쩌면 당연한 일이다. '쓸데없는' 말은 눈에 들어오지 않는다. 그러나 예술가들은 그 '쓸데없는' 말에 충격을 받기도 하고 영감을 얻는 경우가 비일비재하다. 그리고 그것이 예술혼에 불꽃을 일으키게 한다. 예술가들 가운데 언어를 다루는 작가의 경우 더 직접적이고 빈번하게 이런 일이 생긴다. 그는 아무도 주목하지 않는 '쓸데없는 품사'인 부사 하나에 꽂혀 감전된 듯 꼼짝 못하고 몸을 떨며 그대로 서 있다. 이미 그에게 '속도와 효율'은 전혀 중요하지 않다. 그 부사를 만지며 무한한 상상력을 빚어 작품을 만들어낸다. 위대한 창조가 '하찮은 부사 하나'에서 비롯될 수 있다. 세상에 무의미한 사람이 없듯 쓸모없는 말이라는 건 없다.

시 읽기가 필요한 이유는 시가 모국어의 보물창고라는 점과 더불어 형용사/관형사와 부사 등의 낱말을, 그것도 아름다울 뿐 아니라 섬세한 낱말을 만질 수 있어서다. 그래서 시 한 편을 읽은 날과 읽지 않은 날의 밀도가 다르다. 게다가 시는 짧아서 읽기에도 부담스럽지 않다. 그러니 '시를 만지는, 시의 여러 부사를 만지는' 하루를 마련하는 건 매우 유익한 일이다.

멈추지 않으면 만질 수 없다

지금까지 우리는 '낱말 만지기'라는 생소한 문제를 낱말의 갈래에 따라 몇 개의 품사로 살펴보았다. 사실 전혀 생소한 내용이 아니다. 늘 해온 일인데 딱히 신경 써보지 않았거나 일부러 시간을 내서 시도해보지 않았을 뿐이다. 글보다 말, 말보다 영상 위주인 우리의 환경에서 시간을 들여 낱말을 만져보는 건 시간 낭비이거나 쓸모없는 일이라 여길 수도 있다. 영상을 보면 화면이 낱말을 '대신 만져준다.' 말의 생략과 축약이 일상화될수록 직접적인 낱말 만지기는 생소해질 것이다.

빠르고 효율적으로 살기 위해서는 언어경제적 측면을 고려해야 한다. 그러니 기호로서의 글보다 훨씬 더 직관적이고 유용하다고 여겨지는 시각정보를 다양하게 제공해주는 매체에 끌리는 건 불가피하다. 그러나 지속적이고 창의적인 콘텐츠를 생산하기 위해서는 '생각의 힘', 즉 앞서 언급한 '생각을 생각하는' 능력이 필요하다. 그게 바로 '낱말/문장 만지기'에서 만들어지는 힘이다.

낱말 만지기를 위해서는 일단 그 낱말 앞에서 멈춰야 한다. 바빠 죽을 지경이라 쓸데없는 짓이나 시간 낭비 같다면, 일을 벗어나 있을 때라도 벌충할 수 있어야 한다. 출근(등교)할 때와 퇴근(하교)할 때 낱말이나 문장을 하나씩 만져볼 수 있으면 된다. 아주 짧은 시간이다. 바쁘게 산다고 능사가 아니다. 창조력 없이 주어진 일만 '수행'하는 것으로는 주체적으로 살 수 없고, 더 나은 삶을 만들어갈 수도 없다. 결국엔 생산성조차 떨어질 것이다.

습관은 그 자체로 하나의 훈련이 된다. 하루에 낱말 몇 개라도 만져보면서, 하나의 문장이라도 만져보면서 탐구도 하고 영감도 얻으며 상상력과 창의력을 끌어올릴 작은 근육을 만들어가면 된다. 낱말 만지기는 생각의 작은 근육을 지속적으로 키우며 그 과정에서 멋진 영감을 이끌어낼 수 있다. 이는 창의력이자, 멋진 콘텐츠의 생산을 가능하게 한다.

'덜 바쁘게' 살아야 제대로 된 콘텐츠를 만들 수 있다는 신념을 갖고 문장 하나를 만져보자. 그 안의 낱말들을 하나하나 만져보고, 그게 빠지면 문장이 어떻게 달라지고 어떤 느낌이 되는지 따져보면서 몇 번 곱씹어보자. 그 문장의 '맛'을 느끼게 될 것이다. 그럼 이번에는 다시 그 낱말을 집어넣고(그러기 전에 낱말을 만져보는 건 필수적이다) 문장을 만져본다. 그렇게 '달라진 맛'을 확인해보면, 처음 그 문장을 읽

(들)었을 때의 느낌과 어떻게 다른지 알 수 있다. 크건 작건 달라진 그 '간격'이 바로 짧은 시간에 '내 안에서' 일어난 창조적 행위의 흔적이자 증거이다.

낱말/문장 만지기는 기호와 의미가 어떻게 구성·확장·연결되는지의 메커니즘을 이해하게 해준다. 또한 기호의 구성 방식과 의미의 작동 방식을 어떻게 활용하고 재구성할 수 있을지 생각하게 만들어준다. 낱말을 만지는 순간, 그 낱말은 그저 그런 상투적 기호가 아니라 새로운 의미와 기능을 건네준다. 마치 김춘수의 시 〈꽃〉에서 "내가 그의 이름을 불러주었을 때/그는 나에게로 와서/꽃이 되었다"라는 구절처럼.

낱말 만지기의 좋은 텍스트는 시집이다. 시는 모국어를 담는 가장 아름다운 글이다. 또한 시는 대개 짧지만 그보다 몇십 배 긴 문장이나 낱말을 능가하는 사유와 성찰의 힘이 있다. 시는 지식과 정보를 별로 전달하지 않지만 그 이상의 힘을 담고 있으며, 이는 읽는 사람, 더 나아가 시어와 문장을 만지고 시를 '체감'하는 사람에게만 허용된다. 때로는 에세이 한 권, 아니 교양서 한 권보다 시 한 편에서 더 많은 것을 만날 수도 있다.

응축과 이완을 최대한 느껴볼 수 있는 대표적 텍스트 가운데 하나가 하이쿠俳句이다. 하이쿠는 3행 17음절로 구성

3장 만지고, 흔들고, 맡고, 맛보기

되며 각 행은 5음절-7음절-5음절로 구성되는 일본 전통 시의 하나이다. 우리 시조보다 더 짧고 독특한 법칙이 있지만, 닮은 점도 많다. 17세기 도쿠가와 시대부터 성행했으며, 지금까지 많은 일본인이 하이쿠를 짓고 읽는다. 하이쿠는 주제 측면에서 사계절 중 한 계절을 암시하는 자연에 대한 객관적 묘사가 들어가야 하며, 암시적이더라도 분명한 감정적 반응을 불러일으켜야 한다. 이를 계어季語라고 한다. 하이쿠의 주제 선정 범위는 처음엔 계어에 국한되어 있었지만 후에 범위가 넓어졌다. 그러나 가능한 한 가장 적은 단어로 더 많은 것을 표현하고 암시하는 예술로서의 역할은 그대로 남아 있다. 하이쿠의 성인으로 추앙되는 마쓰오 바쇼松尾芭蕉의 하이쿠 "命二つの中に生きたる桜哉"는 다음과 같이 읽을 수 있다.

너와 나의 생애
그 사이에는
벚꽃의 생애가 있다.

이렇게 번역될 수도 있다.

두 사람의 생애, 그 가운데 피어난 벚꽃이런가!

읽는 데 몇 초밖에 걸리지 않는다. 그러나 이 시는 '만져보지 않으면' 결코 제 맛을, 깊은 뜻을, 철학을 파악할 수 없다. 이 놀라운 응축을 풀어내면 하나의 교향곡이 될 수도 있고, 장편소설이 될 수도 있으며, 감동적인 영화 한 편이 될 수도 있다. 일본 산업의 특징인 경소단박輕小短薄(가볍고 작으며 짧고 얇은 것)도 하이쿠에서 배양된 것인지도 모른다. 이는 곧 일본 콘텐츠의 특성으로 이어졌다. 언어가 생각을 낳고, 생각이 행동을 낳으며, 습관이 문화를 만들어낸다. 그걸 명료하게 체험해볼 수 있는 게 바로 '낱말과 문장 만지기'이다.

바쁘다고 해봐야 낱말 만지기에 소요되는 시간은 기껏 몇 분에 불과하다. 24시간에서 몇 분은 그야말로 티끌일 뿐이다. 그 몇 분 아껴 더 바쁘게 산다고 인생 달라지지 않는다. 그런데도 왜 우리는 낱말 만지는 일에 익숙하지 않은 걸까? 이 질문을 만져보시라. 나의 하루가 보이고 한 해가 보일 수 있다. 그리고 내 삶이 보일지도 모른다. 낱말과 문장을 만지기 위해 잠깐 멈춰보는 경험은 금세 삶을 만지기 위한 쉼과 멈춤으로 이어질 것이다.

3장 만지고, 흔들고, 맡고, 맛보기

낯섦의 효능

나는 오른손잡이다. 거의 모든 것을 오른손으로 해결한다. 그렇다고 왼손이 아무것도 하지 않는 건 결코 아니다. 나름대로 제 역할이 있다. 그러나 주된 일, 특히 힘을 사용해야 하는 경우에는 어김없이 오른손을 쓴다. 두 손은 서로 배척하는 관계가 아니라 상보적으로 전체의 균형을 맞춘다. 언어도 두 팔처럼 말과 글로 짜여 있다. 때로는 글을 직접 쓰거나 많이 읽지 않아도, 말로 필요한 거의 모든 것을 얻을 수 있다. 그래서 딱히 글을 읽거나 써야 한다고 느끼지 않을 수도 있다. 나는 글이 주가 되어야 한다는 고루한 말을 할 생각이 솜털만큼도 없다. 다만 두 개가 적절하게 효율적으로 쓰일 수 있어야 한다고 생각한다.

여기에서 다루려는 건 앞서 말한, 개념이나 관념을 지칭하는 '빌려온 말'의 영역이다. 이 말들은 일상생활에서 만날 일 자체가 갈수록 줄어들고 있다. 하지만 사는 데 별 지장이 없다는 이유로, 그리고 입말(구어) 중심의 미디어 환경이 갈수록 확장된다는 이유로 이런 어휘들을 만나지 않는다면 삶은 그만큼 헐거워진다.

《희망의 인문학》의 저자 얼 쇼리스Earl Shorris는 뉴욕시 북쪽에 있는 중범죄자 수용 교도소인 베드포드힐스 교도소에서 재소자들을 위해 클레멘트 코스를 설립했는데, 그때 만난 비니스 워커의 사례는 매우 함축적이고 의미심장하다. 비니스 워커는 19세 때 이 교도소에 수감되었는데 수감 기간 중 고등학교 과정을 마치고 철학을 전공하면서 대학 과정을 밟고 있었다. 그는 가정폭력 후유증으로 고통받는 다른 재소자들에게 상담자가 되어주었고, 에이즈로 신경쇠약과 무기력증에 시달리는 재소자들에게는 위안자의 역할을 했다. 그는 자신의 거칠고 어두웠던 과거를 후회하면서 자신과 비슷한 처지의 아이들이 자꾸만 마음에 걸렸다. 비니스 워커는 얼 쇼리스와 면담을 통해 자신의 분노와 좌절을 이야기하면서 아이들에게 각별한 관심을 기울여야 한다고 강조했다. 그는 얼에게 이렇게 말했다.

우리 아이들에게 '시내 중심가 사람들의 정신적 삶the moral life of downtown'을 가르쳐야 합니다. 가르치는 방법은 간단합니다, 얼 선생님. 그 애들을 연극이나 박물관, 음악회, 강연회 등에 데리고 다녀주세요. 그러면 그 애들은 그런 곳에서 시내 중심가 사람들의 정신적 삶을 배우게 될 겁니다.

비니스는 그렇게만 하면 그 애들은 더는 가난하지 않게 된다고 힘주어 말했다. 비니스가 말하려는 것은 그들이 경제적 가난에서 해방되는 것이 아니었다. 정신적인 삶은 스스로 행동할 수 있을 때 비로소 가능하며, 스스로 행동하는 것은 자율적 인간에게만 기대할 수 있다는 점을 말하고 싶어 했다. 물론 그가 말하는 '시내 중심가 사람들의 정신적 삶'이란 단순히 정신적인 것이 아니며, 정치적 메시지가 담겨 있다. 가난한 사람들이 공적 세계에 참여해 정치적 삶을 살기 위해서는 사유할 수 있어야 한다. 그녀가 말한 연극·박물관·음악회·강연회 등은 단순히 가서 보고 듣는 것을 의미하지 않으며, 경험을 통해 주체적으로 사유할 수 있어야 한다는 의도일 것이다.

그렇다면 비니스가 제안하는 경험들을 어휘로 대체해 보자. 어떤 어휘를 쓰고 어떤 어휘를 생산할 수 있느냐 하는 것은, 내가 주인으로서 그 어휘에 담긴 삶을 사유하고 실행할 수 있게 하는 가장 기본적인 재료이다. 낯선 언어가 삶에서 구현될 수는 없다. 내가 그 낱말의 주인이 되고, 능동적으로 부리며, 의미를 심화하는 것이 결국 자아의 확장이자 실현이다. 그러므로 최대한 많은 어휘를 다양한 방식으로 접하고 소화할 수 있어야 좋다. 그렇다고 어려운 낱말이나 관념적 어휘를 의도적으로 사용하라는 건 결코 아니다. 아주 단순하게 생각해보자. '사랑'이라는 말로 우리는 매우 다양한 의미와 의도를 어느 정도 표현하고 교환할 수 있다. 순우리말을 쓰는 것은 자연스러울 뿐 아니라 바람직한 일이기도 하다. 일부러 '연모'니 '애모'니 하는 말을 끌어다 쓰지 않아도 무방하다. 앞에서 언급했던 '생각'의 경우도 마찬가지이다.

하지만 '생각'이라는 낱말만 사용하면서 비슷한 의미의 다른 낱말들, 예를 들어 사유, 숙고, 성찰 등의 낱말을 알지만 쓰지는 않는다면 어떨까? 그 낱말들이 갖는 독특한 의미에서 소외될 뿐 아니라 그런 낱말들을 사용하는 분위기나 체계에서 배제되기 쉽다. 낯선 언어는 내 생각과 삶에서 멀어진다.

'낯설다'는 건 거리감을 느낀다는 뜻이다. 익숙하지 않아서 외면한다면 갈수록 이런 거리감이 커진다. 젊은 세대는 일상에서 잘 쓰지 않는 개념어나 관념어가 낯설고, 기성세대는 계속해서 쏟아져 나오는 새로운 지식과 기술 용어, 신조어가 낯설다. 갭gap의 형태는 갈수록 다양해진다. 그리고 그런 갭들이 다른 갭들과 연합전선을 짜게 되면, 그 앞에서 우리는 절망하고 더 낯설어지는 과정을 거쳐 아예 외면하게 된다.

'섬세한 사유'는 생각의 갈래를 잘 다듬고 키우며 더 많은 가지를 뻗어가게 만드는, 그런 단순한 의미에 그치는 것이 아니다. 섬세한 사유가 필요한 까닭은 바로 이러한 갭을 깨뜨리고 간극을 좁힐 수 있는 거의 절대적인 과정이기 때문이다. '낯섦'을 줄여가는 것이 섬세한 사유의 시작이다. 멀어진 언어는 이해만 멀게 만드는 것이 아니라 삶을 멀게 만든다. 하나의 어휘를 잃는 것은 그 어휘가 담고 있는 것을 잃거나 잊고 사는 것을 의미한다. 내게 낯선 언어는 내 삶으로 들어오지 않는다. 그러면 나는 그 말이 갖는 삶과 세상을 살 기회를 놓친다. 따라서 내 삶의 영역을 확장하기 위해서 낯선 언어들에게 '말을 건네고' 그 말을 자주 만져야 한다. 그러다 보면 어느 순간 그 말이 내 삶으로 들어오는 때가 온다. 낯선 채로 외면하면 그 말이 내 삶을 외면하게 된다.

4장

【 생각의 속도, 그리고 콘텐츠로 】

생각은 어떻게 삶이 되는가

소중한 사람이나 사물을 잃으면 슬픔을 느낀다. 속이 쓰리고 아플 때도 있고, 허탈하고 허무한 경우도 있다. 불편하고 마음 아픈 감정이다. 그 감정은 직관적이다. 그런데 그 감정을 지각하는 건 언어의 형태로 이루어진다. '슬프다', '허무하다', '아쉽다', '그립다' 등의 언어로 그 감정을 느끼고 인식한다. 느낌이 때론 언어라는 매개 없이 하나의 감정 덩어리로 다가올 수도 있다. 언어로 서술되지 않는 감정도 존재하지 않는가. 그러나 지각은 머릿속에서 인식작용을 거쳐 언어의 형태로 반응한다.

사랑하는 사람을 만나기 직전이나, 기대하고 소망한 일이 곧 이루어질 듯할 때 '설렘'을 느낀다. 설렘의 모든 것을 언어라는 기호로 단순화하기엔 한계가 있지만, 일단 언어로 지칭하면서 지각하고 인식한다. 이렇게 지식과 정보, 감정과 감각 등은 언어라는 그릇에 담겨 전달된다. 모든 생각은 말로 정리된다. 물론 감각과 감정은 언어에 선행하며, 나중에 언어에 대응시키는 과정을 거치지만, 일단 언어가 내 안에 들어와 모든 대상을 정의하게 되면 그런 감정과 감각 그리고 생각이 모두 언어라는 옷을 입으면서 객관화된다.

타인에 대한 감정과 인식 또한 다르지 않다. 예를 들어 '연민하다'라는 말을 보자. 선행되는 것은 나의 고통과 슬픔이다. 그런 상황에서 내 감정을 인식한 것이 객관화되어 타인에게 투사project된다. 타인의 상황과 감정을 똑같이 느낄 수는 없지만, 내게 선행된 감정을 객관화한 것에 겹쳐보면 어느 정도 짐작이 된다. 나에게는 슬픔이나 고통이었지만, 타인의 그것들에 관해서는 슬픔이나 고통을 느끼기보다는 그런 상황에 처한 타인의 감정에 대해 공감과 안타까움을 느낀다.* 이것은 적어도 타인의 상황에 나의 감정을 접근시켰다는 점에서 공감과 교환의 실마리가 된다. 연민이라는 낱말이 생각과 감정뿐 아니라 맥락과 관계까지도 인식의 범주로 끌어들인 것이다. 생각이 말이 되고, 그 말이 다시 우리의 생각을 결정하게 되는 순환관계를 보여준다.

우리는 말로 정리되었을 때 그 생각의 실체를 파악한다. 정리와 설명이 명확하지 않은 생각을 일단 큰 범주의 말에 담고, 다시 그 안에서 세세한 목록을 찾아 그 생각을 명

---

* 수전 손택(Susan Sontag)은 연민이 우리의 무능력함을 보여줄 뿐 아니라, 내가 저지른 일이 아니라는 식으로 자신의 무고함을 증명해주는 알리바이가 되기 쉬워서 타인에 대한 연민은 한계가 있다고 비판한다.

4장 생각의 속도, 그리고 콘텐츠로

확하게 규정하는 말을 찾아낸다. 그런 점에서 생각과 말은 분리된 것이 아니라 하나의 동일체처럼 작동한다. 경험이 먼저고 언어가 나중이지만, 곧 언어가 지배하는 방식으로 전환되고 굳어진다. 그만큼 언어의 힘과 역할은 막강하다. 생각하는 방식은 말의 형식으로 구체화·체계화되며, 말이 생각을 지배하는 방식으로까지 이어진다. 언어는 습득 과정부터 자연스럽게 그런 힘을 길러낸다. 그렇게 생각이 말이 되고, 말이 생각이 되는 순환체계가 마련된다.

생각이 만들어낸 말은 여전히 내 안에서 존재하고, 발화하기 전에는 누구도 알 수 없다. 말이 생각을 객관화한 것이긴 하지만, 이는 아직 내 안에서 내 생각을 '언어'라는 틀에 담아놓은 데 불과하다. 이런 말을 기호화한 것이 글이다. 말은 발화되는 순간 사라지므로 말을 알아들으려면 그 말의 주파수가 고막이 감각할 수 있는 범위 안에 있어야 한다. 매우 제한적이다. 글은 말을 공간에 새겨둔다. 그래서 시간의 제약이나 장소의 제한(그 자리에서 들을 수 있다는 조건)을 벗어나 기록된 문자는 훨씬 많은 사람들이 매우 오랫동안 그 내용을 읽고 지각할 수 있다.

글로 쓰는 순간 그것은 나의 밖으로 나간다. 내가 글을 바라보고 글이 나를 바라본다. 글은 내 생각을 완전히 객관화한다. 내 생각을 객체화한 것이다. 그리고 다른 이들도 그것을 읽고 자신의 안으로 들여놓는다. 그 과정에서 글은 더 객관적이고 중립적이며 탈시공간적인 생각으로 자리 잡는다. 말과 달리 글은 객체화된 기호로 교환하기 때문이다.

그런 점에서 글은 비록 내가 썼더라도 탈개인적이다. 말은 '시간 속에서' 사라지기 때문에 듣는 이의 기억 속에만 남을 뿐 아니라 그 말조차 왜곡되거나 변형될 수 있다. 반면 글은 시간의 제약을 받지 않을 뿐 아니라 여러 사람이 볼 수 있다는 점에서 이미 사회적 기록이다. 기록된 것에 대해 수정할 수는 있지만, 기록된 것 자체는 바꿀 수 없다. 그러므로 글은 늘 신중해야 한다. '기록된' 글은 더 많은 책임이 따르는 까닭에 말보다 더 견고하며, 그 글을 쓴 주인공의 삶에서 중요한 흔적으로 남는다. 내가 그 글을 생각하고 글자로 기록하는 순간 그게 내가 되고 내 삶이 된다.

이런 일련의 과정을 살펴보면 '생각-말-글-사람-삶'은 생각보다 훨씬 밀접한 관계를 맺으며 맞물려 있다. 그중 핵심을 꼽는다면 바로 그 중간 고리에 있는 글이다. 글의 무게가 결코 가볍지 않다. 그럼에도 말은 글보다 쉽고 편한 데다 갈수록 다양한 도구나 매체가 생겨나고 활성화되면서 글의 무게가 묻히고 말의 힘이 앞서게 된다. 이는 막을 수도 없고 막을 일도 아니다. 그럼 도대체 무엇 때문에 우리는 여전히 글의 중요성을 강조하는 걸까? 단순히 지금까지 이를 얻기 위해 노력했고, 그것을 통해 많은 지식을 쌓았으며, 앞으로도 그 '기득의' 자산 가치가 유지되길 바라서일까? 아니다. 그건 방향성을 잘못 잡은 것이고 시대정신과도 어긋난다.

세계를 드러내는 언어

"개꿀 알바."

TV 예능 프로그램에서 친절하게도 자막까지 띄우면서 희희낙락이다. 보는 사람들도 그러려니 하며 낄낄 웃는다. 어제오늘 일이 아니다. '그리 어려운 일이 없으면서도 보수는 제법 괜찮은 시간제 일자리'라는 뜻일 게다. '꿀 빠는' 일, 그런데 그것도 '개'좋은 수준이니 금상첨화다. '개'가 접두사로 쓰이는 단어가 좋은 의미인 경우는 거의 없었는데, 그런 통념을 뒤집는 도발의 언어 생산과 소비다. '전복'의 즐거움으로 시작해 '시대적 관용구'로 굳어진 것이다.

언어라는 게 세종대왕이 한글 창제하듯 '새로운 문자'로 만들어지고 법칙을 세우며 동의하는 과정이 꼭 필요한 것도 아니고, 실제로 그런 경우도 거의 없다. 다수의 언중言衆이 사용하고, 더 많은 사람들이 동의하고(물론 누구도 거기에 '공식적으로' 동의하지는 않는다) 공유하면 새로운 언어의 영역에 편입된다. 문법에 맞느냐 틀리느냐는 나중 일이다. 하긴 '알바'도 아르바이트를 줄인 말이다.

국어를 파괴한다느니 하면서 열 올릴 것도 없다. 국어 사전에 정식으로 등재되지 않은 채로 사용되는 언어가 얼마나 많은가. 어느 시대나 세대건 시간과 관계에 걸맞은 언어를 생산하고 소비한다. 그 가운데 사라지는 것들 또한 많다. 나 역시 처음엔 이런 언어들이 당혹스럽고 살짝 화도 났지만, 금세 새로운 언어 '유희'로 받아들이면서 키득대는 가운데 그 언어를 누군가와 교환하는 자신을 발견하곤 한다. 처음 '읽씹'이란 말을 만났을 때는 뜻도 파악되지 않았고 어감도 썩 좋지 않아 살짝 불쾌했다. 하지만 '문자를 받았지만 굳이 답 문자를 보낼 생각도 까닭도 없는' 상황을 이보다 더 압축적으로(심지어 감정까지 실어) 표현할 낱말을 찾을 수 있을까.

TV의 언어는 그래도 양반이다. 하루에도 수십 통씩 날아드는 카톡은 축약어의 경연장이다. 카톡 언어에 찡그리며 '정식 문장'으로 맞대응하는 건 하드록의 공연장이나 테크노 음악이 나오는 나이트클럽에서 왈츠를 추는 꼴이다. 우리 현대인이 좀 바쁜가. 긴말은 필요 없다. 다양한 기호나 이모티콘도 이미 언어 이상의 역할을 한다. 그게 지금 우리의 일상이다. 구구한 문장을 하나의 낱말로 충분히 대체할 수 있음을 보여주는 신조어들(특히 이른바 '급식체'들)을 '학습'하는 건 가끔 그 자체로 일탈의 즐거움을 맛보게 한다.

그래도 뭔가 개운치는 않다. 오랫동안 학습해온 '정통 국어'에 들인 공이 무참히 무시되는 게 불쾌해질 때도 있다. 그렇다고 '언어파괴'의 야만이라고 비난할 생각은 없다. 거부감 없이 받아들이고 사용하면서 굳어지면 그 또한 새로운 어휘로 수용하면 된다. 그리고 의도적으로 뒤틀어 쓴 어휘들은 시간이 지나면서 저절로 사라지는 경우가 훨씬 더 많다. 그러니 방치할 것도, 과민할 것도 없다(물론 국어학자의 입장은 다를 것이다). 이런 언어와 기호의 교환도 하다 보면 제법 즐겁고 통쾌할 때가 있다. 언어의 경제성만으로 '급식체'를 설명할 수 없는 건 그 때문이기도 하다.

말의 시대다. 글의 시대는 저물고 있다. 글을 읽는 시간보다 말을 듣는 시간이 훨씬 많다. 일상에서는 말이 지배한다. 말이 없으면 살아갈 수 없다. 말은 '빵'이다. 그리고 입말은 한입에 쏙 들어가는 빵이다. 길지 않다. 날숨의 길이를 벗어날 입말은 없다. 당연히 짧다. 그래서 알아듣기도 편하다. 피곤하게 따라가며 이해해야 한다는 부담이 없다. 쓰는 건 둘째 치고, 읽는 것보다 듣는 것이 훨씬 빠르고 쉽다. 게다가 말의 부족한 부분을 영상으로 충분히 채워주는 시대이니 별로 아쉬울 것도 없다.

그러나 무수히 많은 언어들 가운데 내가 선택하고 사용하는 것들이 내 삶을 결정하고 나를 형성한다. 그러므로 나

4장 생각의 속도, 그리고 콘텐츠로

는 '내가 사용하는 언어'로 표상된다. 언어 선택은 학습된 결과이기도 하지만 나의 이성과 감성이 선택한 것이고, 나는 그에 맞는 삶을 수행한다. 말하고 읽고 쓰는 모든 언어는 이미 오랫동안 존재한 것이지만 내 선택에 의해 숨이 채워진다. 따라서 내가 쓰는 언어는 나의 분신과도 같다. 때로는 낱말 하나가 내 속에 들어와 나를 변화시키고 각성시키며 판단과 행동을 낳는다. 단순히 언어를 사용하는 존재로서의 내가 아니라, 그 언어의 뜻과 힘을 부여받고 실천하는 존재로서의 나를 정립한다. 짧은 문장으로서의 말과 긴 호흡의 문장인 글이 나의 의식과 판단력을 결정한다.

긴 문장을 읽는 힘이 강화되면 '사고의 근육'이 커지면서 어느 시점에 분명히 달라짐을 느끼게 된다. 콘텐츠는 바로 이러한 힘으로부터 배양된다는 점에서 의식적으로 글에 관심을 갖는 것이 유리하다. 늘 그리고 전부 그렇지는 않지만, 말과 영상은 콘텐츠 '소비'에 적합한 반면 글과 그에 따른 사고는 '생산'에서 더 큰 힘을 발휘한다. 생산이 우선하지 않는 소비는 없으며, 좋은 제품의 생산이 소비로 이어지는 건 자명하다.

《언어사춘기》라는 책을 쓰면서 놀라운 걸 발견했다. 미국의 한 논문에 따르면 상당수의 미국인들, 특히 저소득층과 이민자들 가운데 상당수가 평생 한 번도 사용하지 않는 어휘들이 꽤 많다는 것이다. 이른바 고등교육을 받은 사람들이나 상류사회의 사람들도 이따금 사용할 뿐인 어휘는 모르고 살아도 큰 지장은 없다. 그러나 그 사람은 평생 그 어휘가 지칭하는 의미와 내용의 삶에 접근하지 못하게 된다. 아마 우리도 정도의 차이는 있을지언정 완전히 무관하지는 않을 것이다.

대학 졸업 후 미국에 건너가 배우고 활동하면서 지금은 줄리아드 음악 학교와 예일대학교에서 동시에 교수로 재직하는 가운데 세종솔로이스츠를 창단하고 이끌어온 강효 교수가 아직도 틈틈이 영단어를 공부한다는 말에 적잖이 놀랐다. 그리고 재능 있는 제자들에게 좋은 악기를 대여해줄 후원자들을 설득하려면 그들이 쓰는 이른바 '고급영어'를 익혀야 소통하기 쉽고 좋은 결과를 얻을 수 있다는 말을 듣고 다시 놀랐다. 후원자들은 상대방이 쓰는 어휘를 통해 문화적 수준을 가늠하며, 자신과 비슷한 어휘를 구사하면 더 마음을 열고 친숙한 감정을 느낀다는 것이다. 이처럼 언어의 품격이나 질은 엄연히 존재한다. 품격 있는 언어를 쓰느냐 안 쓰느냐에 따라 그 언어에 담긴 삶을 살 수도 있고 그렇지 않을 수도 있다. 결코 사소한 게 아니다.

이른바 고상하고 고급스러운 어휘들은 사실상 높은 계급만 쓰는 언어나 특별한 어휘가 아닌데도 입말로 잘 사용

4장 생각의 속도, 그리고 콘텐츠로

하지 않는 까닭에 외면된다. 일상에서 사용되지 않는 낱말은 이미 반쯤은 죽은 언어다. 아울러 그 말이 지닌 뜻과 힘도 내게서 멀어진다. 자연스럽게 내 삶에서도 멀어진다. 어떤 경우 평생 그 어휘를 쓰지 않거나 만나지 않는 이들도 있다. 그러면 평생 그 말이 제공하는 삶을 살지 못하게 된다. 글에는 그런 어휘들이 여전히 많다. 그 낱말이 있느냐 없느냐에 따라 삶이 달라진다는 건 가볍게 넘길 문제가 아니다. 그런 어휘들을 찾아보시라. 그리고 얼마나 자주 만나는지, 입말에서 몇 번이나 쓰는지 헤아려보시라.

글로는 만날 수 있지만 말에서는 만날 가능성이 희박한 낱말들을 떠올려보면, 뜻밖에 목록이 꽤 길다는 것을 확인할 수 있다. 그런 낱말들의 집합소가 책이다. 글이 더 고상하다는 뜻이 아니다. 글을 통한 지식과 정보는 더 이상 배타적 차별성과 우월성을 갖지 않는다. 다만 이제 글은 사유의 근육을 키우는 못자리라는 점이 더 중요해졌다. 그렇게 사유의 근육이 성장함에 따라 나의 언어도 발전하고, 그런 언어가 바로 나를 형성한다. 그러므로 나는 내가 사용하는 언어일 수밖에 없다.

비트겐슈타인은 《논리-철학 논고》에서 "언어의 한계가 곧 세계의 한계"라고 선언했다. 사실 그 책은 사상이건 문장이건 군더더기를 극단적으로 배제한 가장 간결한 문장으로 구성되었지만(그래서 "말할 수 없는 것에 관해서는 침묵해야 한다"고 결론을 내렸다), 그 명제 하나만으로도 당시 모든 지식계와 예술계 등에 엄청난 충격을 주었다. 그 말을 조금 바꿔서 말해보면, 각각의 언어는 모두가 그 자체로 세계를 드러내며, 이는 결국 자신의 지식과 사유 그리고 감각의 체계를 드러내는 것과 마찬가지라고 할 수 있다. 내가 쓴 모든 문장은 나 자신이다. 자, 이제 하나의 정리를 마련하고 다음으로 넘어가보자.

> "말은 빵이다. 빵 없이 못 살 듯 말(글) 없이는 살 수 없다."
> "나는 내가 사용하는 문장이다."

'경제성'이 말하지 않는 것

자, 이제 강조하려는 것은 "언어의 길이가 사고의 길이를 결정한다"는 명제이다. 그리고 이 명제는 "한 사람이 생산하고 소비하는 말이 그의 삶을 결정한다"는 것으로 이어진다. 결론을 먼저 말하자면, 사고의 호흡이 길어야 사고의 근육이 강해지고 콘텐츠 생산성도 높아진다. 모든 사람이 동의하지는 않겠지만 크게 무리한 주장은 아니다. 긴 문장이라고 무조건 좋은 건 결코 아니지만, 긴 호흡의 문장을 생산하고 소비할 수 있으면 최소한 생각의 길이도 길어진다. 긴 호흡의 문장은 말보다 글에서 훨씬 유리하다.

하루에도 수십 통씩 주고받는 카톡과 SNS는 최대한 짧게 쓴다. 짧게 써야 경제적이고 전달하고자 하는 요점이 분명해진다. 긴 글은 아예 읽으려 하지도 않는다. 바쁘기도 하지만 홍수처럼 쏟아지는 정보를 대충이라도 훑어보려면 긴 글은 무조건 '패스'다. 그러니 점점 더 짧은 문장들이 넘쳐난다. 그렇게 쏟아지는 정보가 옳으냐 그르냐는 크게 중요하지 않다. 가짜뉴스나 쓰레기 정보가 꾸준히 생산·소비되는 건 그 때문이다. 나를 만족시키면 충분히 족하다고 여겨진다.

영상매체인 유튜브도 러닝타임이 길다 싶으면 거의 패스다. 그 허점을 꿰뚫고 빠르게 파고든 것이 바로 틱톡TikTok이다. 그저 몇십 초면 충분하다. 짧고 경쾌하게 시선을 끌면 그것으로 족하다. 이를 통해 큰돈을 벌기도 한다. 그러니 너나없이 틱톡에 쏠린다. 긴 문장의 페이스북보다 짧은 트위터(엑스)에 더 몰리는 것도 같은 이유다. 그러나 무조건 짧은 게 능사는 아니다. 우리가 일상에서 생산하고 소비하는 입말이 글말보다 상대적으로 짧다는 건 장점이기도 하지만 단점이 되기도 한다. 그런 말을 사용하는 데 익숙해지면 긴 문장을 소화하기가 버겁고 귀찮다. 그게 굳어지면 책과 거의 영원히 작별한다.

이는 단순히 언어의 경제성 차원을 넘어 사고의 호흡을 짧게 만들기 쉽다는 위험을 안고 있다. 또 대화를 비롯한 우리의 일상적 소통과 정보의 교환 등이 거의 입말에만 의존하는 경우, 쉽게 이해하고 소통하는 데는 도움이 될지 몰라도 섬세한 사유, 다양한 감각, 풍부한 감정 등의 자산을 약화시킬 수 있다. 더욱이 의식을 구성하고 지식을 생산하는 역할을 맡는 개념과 관념의 영역에서는 치명적이기 쉽다. 어떤 어휘를 평생 쓰지 않고도 살 수 있지만, 이는 그 낱말의 삶을 제거하는 것과 다르지 않다. 이제는 거의 모든 지식과 정보에 동영상을 비롯한 이미지로 충분히 접속 가능하고, 이미지는 무엇보다 직관적이어서 쉽게 이해할 수 있다. 하지만 영상매체들은 입말로 전달하기 때문에 문장의 호흡도 짧고 사용하는 어휘도 풍부하지 않다. 이러한 입말에 비하면 글말은 긴 호흡의 문장을 생산하고 소비하는 데 아무런 제약이 없다.

글을 읽는 데는 에너지가 소비될 수밖에 없다. 기호를 읽어야 하고, 그 기호의 의미를 해석해야 하는 번거로움이 있다. 자연스럽게 귀찮아하고 멀리하게 된다. 하지만 아무리 영상의 시대고 입말의 시대라고 해도 글말의 힘과 매력까지 무시하는 것은 바람직하지 않다. 그렇다면 글말의 장점은 무엇인가?

첫째, 날숨의 길이에 따른 제약을 전혀 받지 않는다는 점이다. 마음만 먹으면 구두점 없이 한 문장으로 책 서너 쪽도 채울 수 있다. 언어의 길이가 생각의 길이와 밀접한 관계를 맺는다는 점에서 이 장점은 엄청난 효과와 결과를 이끌어낸다. 쓸데없이 길게 늘어놓는 문장을 칭찬하는 게 아니다. 그런 문장들은 오히려 글말을 외면하게 만드는 주범이기에 그런 혐의가 있는 문장은 추방하는 게 낫다. 어쨌거나 글말은 입말과 달리 짧게 잘리지 않는다.

나는 어떤 말을 하며 어떤 글을 읽고 쓰는가. 어떻게 말하고 쓰는지 그 '방법'도 중요하지만, 진정 중요하고 주목해야 하는 건 왜 쓰고 무엇을 읽는지다. 글 특유의 장점이 현대 세계에서 어떻게 발현될 수 있는지를 물어야 한다. 글을 멀리하는 시대에 글을 강조하는 건 글이 멀어져 섭섭해서가 아니다. 오히려 이런 시대에 글은 왜 매력적인지, 특히 글이 콘텐츠의 보물상자라는 점에 왜 주목해야 하는지 물어야 한다. 생각의 호흡이 길고 사유의 손길이 섬세하며 감각의 세포가 풍부하고 감정의 팔레트가 다양한 스펙트럼으로 짜일 수 있는 '글의 재발견'이다. 읽고 쓰는 글이 새롭게 조명되는 까닭은 기존의 기능적이고 근본적인 역할을 다른 매체에 넘겨줌으로써 오히려 뒤늦게 발견하게 된 효과 때문이다.

이제는 글이 '사고의 호흡'이라는 측면을 얼마나 충실히 수행하고 있는지 차분히 묻고 따질 때가 되었다. 그저 문장 몇 개를 읽는 걸 넘어 그 글에 담긴 사고의 호흡을 섬세하게 느끼고 흡수하고 있는가? 단순하게 말로 들었을 때와 어떻게 다른가? 그 일차적 차이를 사고의 길이에서 확인할 수 있을 때 사고의 호흡이라는 중요한 통로를 새롭게 찾아낼 수 있다. 그리고 그 통로로 무엇을 통과시키며 어디에 도달할 수 있을지 가늠해보는 것 자체가 이미 콘텐츠 생산을 위한 잔근육을 키우는 일이다. 긴 문장이나 문단을 만났을 때

　　　　4장 생각의 속도, 그리고 콘텐츠로

습관적으로 짜증을 내거나 거리감을 느끼는 대신, 나의 사고의 호흡이 어떻게 길어질 수 있는지 글에서 느끼면 된다. 그게 '콘텐츠 위너winner'의 첫걸음이자 받침돌이 된다.

둘째, 각인효과imprinting effect이다. 본디 각인효과는 오스트리아의 동물학자 콘라트 로렌츠Konrad Lorenz가 동물이 태어난 직후 처음으로 보게 된 대상에 대해 갖는 애착이나 행동양식으로 정의한 것이었지만, 여기서는 오랫동안 잊히지 않고 고정된다는 의미로 사용된다. 간단한 사례를 보자. "뜻이 있는 곳에 길이 있다"는 교훈적인 말을 들은 사람은 거기에 공감하며 자신이 꿈꾸는 미래를 위해 최선을 다해야겠다고 결심한다. 그 짧은 문장 하나가 오랫동안 뇌리에 남고, 자신의 결심을 뚜렷하게 각성시킨다. 그런데 한번 흘러간 말은 어쩌다 가끔 기억나지만, 그 문장을 책상 머리맡에 글로 써두면 볼 때마다 내게 각성된 결심을 확인하게 된다. 음성으로 들었을 때와 글로 읽었을 때의 각인효과는 다르다. 문자는 하나의 기호인 동시에 일종의 약속된 그림이라서 각인되는 효과가 클 수밖에 없다. 글이 훨씬 더 강력하고 오래가는데, 이를 '지속효과'로 바꿔 써도 무방할 것이다.

셋째, 어휘의 '질quality'이다. 이렇게 말하면 어딘가 어색하고 불편하다고 느낄지도 모른다. 질 좋은 말이 따로 있느냐 하는 의구심이 생길 수 있다. 언어에 노골적인 계급이 있는 것도 아닌데 어휘의 질이라니. 그런데 우리가 여기에 주목해야 하는 건, 앞서 잠깐 말했듯이 일상언어인 입말에서는 개념이나 관념을 담는 추상명사를 별로 사용하지 않는다는 사실이다. 그리고 대부분의 추상명사는 거의 한자어에서 빌려왔는데, 이제 말에서는 별로 사용하지 않는 어휘가 되었다(그래도 여전히 사라지지 않고 함께 사용된다는 점에서 보면 이런 현상도 우리말 위상의 확장을 보여주는 것에 틀림없다는 점에서 긍정적이라고 생각한다). 우리말에도 '사랑'이나 '그리움' 등의 추상명사가 충분히 있고 일상에서 사용하고 있지만, '사유'가 필요한 개념어나 관념어는 여전히 한자어들이다. 그게 아직 글에서는 살아 있다. 이를 자유롭게 사용할 수 있다는 건 그 말에 담긴 개념이나 관념을 나의 것으로 흡인할 수 있다는 것과 다르지 않다.

　호흡이 길고 사유가 깊은 글이 씨줄과 날줄로 직조된 게 바로 책이다. 나는 그런 점에서 책을 읽는 사람이 더 나은 콘텐츠를 생산할 수 있다고 확신한다. 긴 호흡으로 사고의 근육을 형성한 사람이 더 나은 콘텐츠를 만들어내는 구체적 현실을 보게 될 것이다. 여전히 책을 지식과 정보의 자원으로만 여기는 사람들 또한 책에서 필요한 것을 얻겠지만, 요즘 같은 시대에 그러한 기능은 크게 월등하거나 차별적인 것도 아니다. 이미 거의 모든 지식과 정보가 말과 영상

4장 생각의 속도, 그리고 콘텐츠로

으로 만들어진 세상이다. 게다가 말과 영상은 역동성과 직관성이라는 점에서 탁월하다. 그럼에도 긴 사고의 호흡은 말이 아니라 글에서 길러진다는 점은 대체하기 어렵다. 그러니 글을 읽으면서 거기에 비례한 긴 호흡과 깊은 사유의 근육을 강화하는 것이 꼭 필요하다. 그 사유의 근육이 차이를 만들어낸다.

속도가 소통이다

거듭 말하지만, 우리가 주목해야 할 또 다른 중요한 점은 언어 소비의 속도를 누가 정하느냐다. 영상매체에서는 언어의 속도를 제공자가 정한다. 수용자는 그 속도에 개입할 수 없다. 예를 들어 내가 TV를 보면서 이해되지 않는 부분이 있다고 해서 천천히 보려고 속도를 조절할 수는 없다. 모르는 부분이 있을 때도 멈추고 뒤로 돌아가 다시 볼 수 없다.

물론 '다시보기'가 가능한 녹화물에서는 어느 정도 조절할 수 있고 유튜브 등에서는 멈춤과 재생 혹은 되돌리기 등을 통해 주도권을 행사할 수 있지만, 일단은 그 속도를 따라가야 한다. TV 프로그램의 경우 대부분 쉽게 이해할 수 있는 언어들로 구성되기 때문에 시청하는 데 큰 문제가 없겠지만, 문제는 거기에만 익숙해질 때 나도 모르게 제공자의 속도를 따라가는 수동성이 몸에 밸 수밖에 없다는 점이다.

강연할 때, 전달하고 싶은 내용은 많고 허락된 시간이 넉넉하지 않으면 저절로 말이 빨라진다. 그럴 때 가끔은 누군가 이렇게 말한다. "좀 천천히 말씀해주시면 안 될까요?

내용을 이해하고 느낄 시간을 주셨으면 좋겠어요." 그러면 자연스럽게, 그리고 의식적으로 말의 속도를 늦추게 된다. 속도를 조절하면 내용을 듣고자 하는 사람이 어느 정도 이해할 수 있게 된다.

소통이 별게 아니다. 말하는 이와 듣는 이가 서로 필요한 속도를 맞추면 자연스럽게 공감으로 이어진다. 대면 강의가 좋은 것은 일방적 전달을 피하고 내용의 이해와 공감의 밀도를 높일 수 있다는 점이다. 말에서도 서로의 속도를 조절하는 것이 기본적인 공감이다. 대면 관계에서 이루어지는 말의 교환은 단순히 말에 그치지 않고 몸짓과 표정 등의 느낌까지 공유하고 교감한다는 점에서 효과적이며, 그런 점에서 속도의 조절은 매우 매력적인 행위지만 그리 쉬운 일도 아니다. 생각의 속도에서 주도권은 그만큼 중요하다.

영상이 주도권을 쥔 현실에서는 놀랍게도, 일방적 수동성에 대해 고민하는 경우를 거의 보지 못했다. 영상매체의 편리성과 다양한 콘텐츠의 꾸준한 발전은 분명 시대의 선물이다. 그러나 이를 제대로 이용하고 능동적인 생산력을 더 높이기 위해서는 이 치명적 문제에 대해 성찰하고 대안을 찾아야 한다. 그 타이밍이 늦을수록 주체적 자아와 능동적인 콘텐츠 생산 능력은 감소한다.

사실 영상에서도 속도를 통제할 수는 있다. 내 큰아들

은 아이패드로 뉴스나 강연을 재생하면서 1.5배속으로 시청한다. 내 귀에는 거슬려서 왜 그렇게 시청하느냐 물었더니 정상 속도로 재생하면 시간을 너무 잡아먹기 때문이란다. 심지어 넷플릭스 영화도 그 속도로 시청한다. 솔직히 나는 그런 방식이 조금은 불만족스럽다. 정보 획득 위주의 목적으로 시간을 절약하는 방편인 듯한데, 자칫 섬세한 사유를 키우지 못할 수도 있겠다는 노파심이 든다. 하지만 속도를 주체적으로 정하고, 때론 장면을 건너뛰기도 하면서 자유롭게 소비한다는 점은 주목하게 된다. 갈수록 영상 콘텐츠가 증가하는 상황에서 '재생' 속도를 상황에 따라 조였다 풀었다 하며 다양한 방식으로 소비할 여지와 가능성에, 그리고 그 가능성에서 발견할 수 있는 새로운 방식의 콘텐츠 배양과 생산에 관심을 가지면 도움이 될 듯하다.

속도를 조절할 수 있는 힘을 기르고 키워야 한다. 들을 때는 말하는 사람에 따르고, 화면을 볼 때는 촬영과 편집을 맡은 사람에 따르게 되는데, 거기에 길들여지면 스스로 생각하면서 콘텐츠 수용과 소비의 속도를 결정하는 것이 불편하고 어색하게 느껴진다. 해석의 권리도 양도하게 된다. 그렇게 되면 판단과 결정의 속도를 제공자에게 자발적으로 넘기고, 나는 '편리하게' 소비만 하면 된다고 여기게 된다. 이는 결국 스스로를 하나하나 거세시키는 것과 다르지 않

4장 생각의 속도, 그리고 콘텐츠로

다. 그 과정은 미지근한 물이 담긴 냄비 속 개구리가 천천히 가열되어 자신도 모르는 사이 삶아지는 것과 비슷하다.

그렇다면 어떻게 속도의 주도권을 나 자신에게 돌려놓을 수 있을까. 바로 글과의 만남을 통해서다. 글을 읽는 속도는 전적으로 내가 결정한다. 글의 속도는 오로지 독자의 몫이다. 읽다가 잘 이해되지 않으면 천천히 읽게 되고, 모르면 다시 돌아가서 읽으며, 그다음 흐름이 충분히 짐작되거나 특별한 지식·정보·느낌이 없다고 여기면 빨리 읽거나 대충 건너뛰면서 흐름만 파악한다. 똑같은 속도로 읽는 건 아예 불가능하다. 매순간 균일하지 않다. 그 시간의 밀도가 다 다르다. 놀랍지 않은가. 이렇게 밀도 차이를 경험하는 일이 얼마나 될까. 그 경험 자체가 이미 콘텐츠를 생산하기 위한 커다란 잠재적 씨앗이 될 수 있다. 이건 자연스러운 '시간 만지기'가 된다.

앞서 다루고 강조했던 '낱말 만지기'는 바로 내가 '시간을 만질 때', 즉 언어 소비의 속도를 결정할 때만 가능하다. 주도권을 행사함으로써 자기주체성을 확보한다는 것은 소비자를 넘어 생산자로서의 가능성을 확보하는 것이다. 이는 자연스럽게 콘텐츠 생산력으로 이어진다. 내가 속도를 결정하고 모든 상상력을 동원해 낱말을 만지면 다양한 실마리들이 여기저기에서 쏟아진다.

'시간을 만지면서' 생기는 또 다른 매력은 바로 '묻는 나'라는 출발점을 튼실하게 정립할 수 있다는 점이다. 팔만대장경을 예로 들어보자. 통상적인 가치 판단, 즉 유네스코에서 세계문화유산으로 지정한 문화재라는 점, 세계 최대의 장경본이 거의 완벽하게 보존되었다는 점 등에 수긍하며 흡족해하는 데 그치지 않고 질문을 던질 틈새를 찾아보라. 외세의 침략으로 나라가 풍전등화의 위기에 빠졌는데 무기를 만들어 맞싸우는 게 아니라 불력에 기대어 대장경 판본을 조각한다는 게 과연 합리적인가? 정말 실질적 도움이 되었을까? 혹시 다른 정치적 목적, 즉 무신정권의 무능을 덮기 위해 종교적 관심으로 유인하려는 것은 아니었을까? 지금 우리는 이 위대한 문화유산에 감탄하면서 이를 만들어낸 조상에게 고마움을 느끼지만, 나라 전체가 외세에 유린되던 당시에 장경 조각을 위해 동원된 사람들의 심정은 과연 어땠을까? 그게 나였다면 어떤 생각이 들었을까?

그 물음은 자연스럽게 당시 고려의 정권이나 국제정세에 대한 분석으로 이어질 것이고, 지금 우리 현실에서는 그때와 비슷한 현상이 어떻게 교묘히 재현되는지 따져볼 수 있게 해준다. 이 물음 하나가 수십 편의 드라마와 영화를 만들어낼 수 있다. 묻는 사람이 '위너'이다. 이런 물음들에 대해 마음껏 원하는 자료들을 찾아보고 탐구하며, '만지는 낱

4장 생각의 속도, 그리고 콘텐츠로

말'의 확장성을 극대화할 수 있다는 것은 '만지는 글', '만지는 시간'에서 누릴 수 있는 엄청난 장점이다. 이렇게 꼬리를 잇는 물음이 이어지면 기존의 생각을 완전히 뒤집는 새로운 생각, 즉 새로운 콘텐츠의 발판을 마련할 수 있다. 이는 전적으로 생각의 속도를 스스로 결정하는지 여부에 따른 차이다.

지속적이고 창조적인 콘텐츠를 만들어내기 위해서는 자기원천이 있어야 하며, 이를 강화할 수 있는 힘을 갖춰야 한다. 글은 그것을 제공해준다. 물론 글을 읽지 않아도 산다. 그러나 '위너'는 되기 어렵다. 삶의 주도권, 콘텐츠 생산의 주도권을 쥐려면 속도의 주인이 되어야 한다. 글은 속도의 주도권을 내게 준다. 그렇게 나는 '주인'이 된다. 그리고 '위너'가 될 수 있다. 생각의 속도를 남에게 넘기지 말아야 한다.

콘텐츠 생산력의 바탕으로서 글말의 '시간 만지기'가 지닌 또 다른 효과는 요약 능력이다. 요약은 짧게 줄이는 것이니 '짧다'는 점에서 얼핏 입말의 미덕인 짧음과 겹치며, 동시에 충돌하는 것처럼 보일지 모른다. 그러나 글은 긴 설명과 서술을 간단명료하게 요약한다는 점에서 그 성격이 다르다. 입말로 구구절절 설명하면 오히려 초점이 흐려지는 경우가 있는데, 이를 압축시켜 몇 개의 낱말을 동원해 글로 요약하면 명료해지는 경우가 많다. 물론 말로 요약할 때도 있다. 회의나 토론을 마칠 때 결론을 도출하면서 지금까지 오간 내용들의 핵심을 재론하는 경우가 대표적이다. 그러나 그런 경우도 말보다는 글의 압축이 내용을 훨씬 더 간결하고 명료하며 체계적으로 전달한다.

압축과 요약의 문제에 좀 더 집중해보면, 우리는 여기에서 매우 중요한 것을 발견하게 된다. 이때의 압축과 요약은 짧은 문장으로 표상될 수밖에 없지만, 이는 앞서 말한 언어의 길이가 사고의 길이를 결정한다는 명제와 모순되거나 충돌하지 않는다. 오히려 그것을 다시 길게 풀어내 서술하거나 설명할 수 있다는 점에 주목하면 된다. 압축을 풀어 다양하고 가능한 스토리로 구성할 수 있다면 그게 바로 콘텐츠 생산력과 밀접하게 연결될 수 있기 때문이다. "결코 지울 수 없는 고통의 내면화"라는 짧은 구문의 압축을 풀어보자. 고통의 가해자와 고통을 가하는 수단과 방법 등이 다양하게, 그리고 끊임없이 풀려나올 수 있다. '내면화'라는 낱말은 또 어떠한가? 어떻게 고통이 내면화될까, 거기에는 얼마나 많은 시간과 갈등이 소요될까, 내면화는 일종의 강박관념으로 투사될까 등 그 자체로 하나의 거대한 서사가 가능해진다. 이렇게 핵심 개념 몇 개로 치환 가능하고 명사 몇 개만으로도 그 압축을 담아낼 수 있다면, 당연히 그 명사 몇 개로 다양한 문장과 스토리로 풀어낼 수 있다. 이것이 바로

4장 생각의 속도, 그리고 콘텐츠로

확장과 전개의 방식이다. 그걸 논리적·구성적으로 짜면 콘텐츠가 된다.

자, 이 문제를 처음부터 다시 살펴보자. 하나의 이야기가 있다. 일상적인 이야기일 수도 있고 특별한 사건일 수도 있다. 그저 몇 쪽의 글로 설명된 이야기이다. 이를 요약하면 더 짧은 이야기가 된다. 압축하면 몇 개의 문장 혹은 하나의 낱말로 끌어낼 수도 있다. 그 문장 혹은 낱말은 이야기의 논리적 인과관계에 대한 설명 과정을 함축하며 이끌어낸 것이기에 서로 맞물려 있다. '학교폭력', '정의', '비대칭성', '부당한 고통', '고통의 내면화와 복수'라는 압축은 다양한 방식으로 풀어낼 수 있다. 흔히 말하는 '주제'는 이 압축 속에 담긴다. 그것을 논리적으로 서술하고, 가치판단의 개입이 정교하게 깔린 플롯으로 구성하면 〈더 글로리〉라는 콘텐츠의 서사로 확장된다.

작가는 이를 풀어내며 자기 안에서 많은 이야기를 주고받는다. 여러 생각들이 부딪히고 의견이 엇갈리기도 하면서 그 갈등을 풀어내는 가운데 새로운 아이디어들을 첨가한다. 그렇게 이어진 것이 하나의 콘텐츠로 완성된다. 이런 사례는 말이나 글에서 쉽게 발견할 수 있다. 전체 이야기를 정리하고 요약하는 것은 사고를 정리할 뿐 아니라 향후 보존하고 계승하는 데도 필요하다. 그리고 이런 요약은 별도의 시간을 요구한다. '시간을 만질 수 있어야' 비로소 요약이 가능하다.

　이런 방식으로 접근하면 어떤 요약과 관련된 핵심 낱말이나 문장이 있을 때 그 요약을 이끌어낸 모든 이야기를 떠올려 풀어낼 수 있다. 여기에서 우리가 주목할 또 다른 지점은, 그 이야기들이 요약되기 전의 원래 이야기와 동일한가 하는 점이다. 그럴 수도 있겠지만 비슷하거나 아예 다른 이야기도 가능하다. '다른 이야기'는 새로운 콘텐츠이다. 상상력이 하늘에서 뚝 떨어지거나 소수의 천재들 머리에만 찾아오는 게 아니다. '긴 이야기 → 요약과 압축 → 새로운 긴 이야기들'이라는 연쇄작용을 경험하면서 콘텐츠 생산 능력이 키워진다. 짧은 구문 하나를 요약·응축하고 이를 다시 긴 문단으로 풀어내는 일을 반복해보면, 놀랍게도 엄청나게 많은 상상과 확장을 눈으로 확인할 수 있다. 그 작은 틈새들에서 상상력이 발현된다. 그걸 놓치는 사람과 포착하는 사람의 삶이 같을 수는 없다.

　이렇게 압축과 확장의 전개를 자유자재로 구사하기 위해서는 상대의 속도가 아니라 나의 속도로 마음껏 그 낱말과 문장을 '만질 수 있어야' 한다. 요약과 압축은 단순히 언어경제적 측면의 문제가 아니다. 복잡한 것을 단순하게 정리할 수 있는 능력은 고도의 두뇌작용을 수반한다는 점에서

　　　　4장 생각의 속도, 그리고 콘텐츠로

인지능력을 증강시키고, 그렇게 증강된 인지능력이 압축된 요약을 풀어내고, 여기에 상상력과 창의력이 가미되면서 콘텐츠 생산 능력이 증대된다. 낱말과 시간을 만질 수 있는, 글의 읽기와 쓰기에서 얻을 수 있는 소중한 자산이다.

"속도는 내가 정한다. 내가 주인이다."
"함께 조절하는 속도가 소통이고 공감이며 협업이다."

웹툰의 힘

압축과 요약, 그리고 새로운 확장의 사례로 만화만큼 효과적인 것이 없다. 어렸을 때 만화책을 즐기지 않은 이들도 있을까? 어른들은 아이들이 만화책 보는 걸 질색했다. 열심히 공부해서 좋은 사람 되고 성공해야 한다는 절대목표에 방해가 된다고 여겼기 때문이었을 것이다. 술술 넘어가는 만화책에 익숙해지면 교과서 읽는 게 재미없다 여기니 '글자 있는 책'을 멀리할 거라는 노파심이 들었을 것이다. 어른들도 몰래 만화책을 읽으면서 자랐으면서도.

다행히 지금 부모 세대는 만화를 꺼리지 않는다. 너그럽다 못해 권하는 경우도 많다. 게임에 빠져 중독되는 것보다(물론 프로게이머가 되어 성공할 수도 있지만 극소수에 불과하다) 한두 시간 만화 보는 게 낫다고 여길 수도 있고, 만화에 대한 인식 자체가 변했기 때문일 수도 있다. 웹툰의 부상도 그런 인식의 변화에 한몫했을 것이다. 화제의 드라마들 가운데 상당수가 웹툰이 원작인 것만 봐도 알 수 있듯, 웹툰은 그림 자체뿐 아니라 스토리로서 콘텐츠 확장 가능성을 갖춘

4장 생각의 속도, 그리고 콘텐츠로

것들이 많아 새로운 콘텐츠 원천으로 각광받는다. 또 만화는 앞서 말한 '글의 압축과 요약'과는 또 다른 의미에서 압축과 요약의 결정판이다. 글과 그림의 조합인 동시에 둘의 장점을 묶은 매체라는 점에서 훌륭한 교재이기도 하다. 물론 그 장점을 발견하고 계발하는 사람만의 몫이지만, 매력적인 미디어인 것은 분명하다.

만화는 움직이는 그림이 아니기 때문에 보기도 하고 '읽기'도 한다. 얻을 만한 특별한 지식과 정보가 많지 않더라도, 이를 소화하는 속도는 전적으로 독자의 몫이다. 영화나 드라마와 달리 만화는 '정지된' 그림 중심으로 하나하나 세밀하게 천천히 읽을 수도 있고, 스토리 중심으로 빠르게 읽을 수도 있다. 그 속도를 결정하는 건 바로 나 자신이다.

자, 이제 본격적으로 만화 속에 들어가보자. 만화는 여러 상을 하나로 압축한 대표 상이고 선택과 집중이라는 경제성에 가장 충실한 방식을 따른다. TV에서는 움직임과 더불어 모든 상의 정보를 얻을 수 있지만, 실제로 우리가 그 모든 상을 다 읽어내는 건 아니다. 때로는 상의 정보가 넘쳐서 막상 주제가 되는 상을 놓치는 경우도 있다. 만화의 각 컷은 모든 장면을 사진처럼 다 그리는 게 아니라, 꼭 필요하거나 강조하고 싶은 부분은 강조하고 나머지 배경들은 적당히 생략한다. 완벽한 '선택과 집중'이자 장면의 '요약'이다.

불필요한 장면을 제거하는 것은 단순히 경제성을 위해서가 아니다. 전체 스토리와 독립적 화면의 주제가 일치하는 범위 내에서 전달하려는 핵심 내용이 무엇인지 알아야 하기 때문이다. 그 범위 밖의 것들은 과감히 제거하거나 생략하지만, 생략 속에서도 맥락의 흐름에서 벗어나지 않으며 핵심을 정확히 전달한다. 만화의 가장 큰 장점 가운데 하나는 바로 이것, 즉 '과감한 생략-선택과 집중-압축'의 과정을 보여주는 것이다. 일부러 가르칠 것도 없다. 스스로 체감하고 인지하며 기억하게 된다. 그리고 그런 과정을 통해 체득된 것이 어떤 사건이나 글(이야기)을 읽을 때 섬광처럼 스쳐가며 방아쇠를 당기는 계기를 만들어낸다. 그게 영감과 창조의 과정이다.

다음의 한 컷 짜리 만화를 보면, 두 사람은 다투고 있고 다른 한 사람이 둘을 말리고 있다. 왼쪽에 있는 사람의 눈은

° "얘들아, 얘들아. 그래도 모르겠니? 너희 둘 다 옳아. 둘 다 멍청이이기도 하고." 말풍선 속의 이 말을 지우고 직접 채워본다면 어떤 문장으로 채우겠는가?

4장 생각의 속도, 그리고 콘텐츠로

점 두 개로 간단히 해결했지만, 뭔가 불만 가득한 표정으로 응시하는 걸 직관적으로 표현하고 있다. 하나의 선으로 표현한 입의 모양은 또 어떤가. 꾹 다문 입술 끝이 모두 아래로 향해 있어 화가 잔뜩 난 상태임을 알 수 있다. 간단한 점 두 개와 선 하나가 한 사람의 심리상태와 두 사람의 대치를 간결하면서도 압축적으로 보여준다. 이 상황을 말로 표현하려면 수많은 문장이 동원되어야 할 것이다. 영화나 드라마의 경우라면 긴장된 상황을 표현하기 위해 얼굴을 줌업해 눈매나 입술의 모양을 강조할 것이다. 그런데 만화는 정지된 화면 하나가 글이나 영화 이상으로 압축적·효과적으로 표현한다.

맞은편의 사람은 등과 뒤통수만 보여서 표정을 알 수 없지만, 자세히 보면 입을 열고 있는 상태이다. 상대가 입을 다물고 있음을 고려하면, 지금 이 사람이 자신의 요구나 화난 상태를 말로 표현하는 것으로 보인다. 얼굴의 측면을 묘사한 선 하나가 위에서 아래로 내려가다 잠깐 오른쪽으로 작은 호弧를 그려 입이 벌어진 상황을 묘사한다. 그런데 말풍선이 없다는 건 적어도 이 장면에서 우리가 주목해야 할 내용은 아니라는 뜻이다. 아니면 그냥 입만 벌리고 있는 모습일 수도 있다.

맨 오른쪽 인물은 두 사람의 싸움을 말리고 있다. '친구들fellas'이라고 부르는 걸 보면 한 패거리 혹은 서로 어울려 지내는 사이임을 알 수 있다. 안경 쓴 모습이 지적으로 보일 수도 있지만, 안경알 속 눈의 모습을 보여주지는 않는다. 특별히 누군가를 바라봄으로써 누구 편인지 드러내는 게 유리하지 않다는 판단 아래 그랬을지도 모른다. 중재자는 중립적이어야 적절하다. 말풍선에서 다툼을 말리며 각자의 입장을 이해한다며 달래는 한편 둘 다 멍청하다고 비난하는 걸로 보아, 아주 사소한 것으로 다투거나 비논리적이고 엉뚱한 문제를 끌어들여 다툼을 확장하는 걸 지적하는 것일 수도 있다. 말풍선 속 말을 지우고 직접 채워보자. 나는 그리고 당신은 어떤 문장으로 채울까?

다툼이 일어나는 곳이 교실인지, 운동장인지, 나이트클럽인지는 알 수 없다. 그리고 알아야 할 까닭도 없다. 그 장소적 배경은 하등 문제가 되지 않기 때문이다. 또한 배경을 다 그려 넣게 되면 오히려 산만해지고, 세 사람의 관계와 긴장한 모습이 희석될 수 있다. 영화나 드라마는 카메라 초점을 이용해 배경을 흐릿하게 만들어 세 인물에 주목하게 할 수도 있다. 그러나 만화의 이 장면처럼 완벽하게 단순화할 수는 없다. 선택과 집중, 요약과 핵심의 정리가 완벽하다. 이것 하나만으로도 만화의 매력과 장점을 확인할 수 있지 않은가?

4장 생각의 속도, 그리고 콘텐츠로

멈추고, 바꿔보기

대부분의 만화는 글과 이미지의 혼합물이다. 달리 말해 융합적 콘텐츠이다. 앞서 말했듯 만화는 보기도 하고 읽기도 한다. 그리고 속도는 내가 정한다. 다음의 만화를 예로 들어 보자. 첫 번째 컷은 어느 가정의 식사 장면이다. 한쪽에 이불이 쌓여 있다. 그런데 덧댄, 그러니까 누더기처럼 기운 흔적을 보면 가난한 살림인 걸 알 수 있다. 침실과 거실, 주방이 분리되지 않은 걸 봐도 가난한 살림이다. 한 방에서 자고 먹는 일을 다 해결해야 한다.

앞의 예처럼 완벽하게 배경을 제거하지 않은 것은 이들이 사는 모습과 형편을 보여줄 필요가 있기 때문이다. 누더기 이불, 개다리소반에서의 옹색한 식사 등 몇 가지 소품 묘사가 그런 역할을 한다. 그런데도 가족들의 표정은 우울해 보이지 않는다. 남편은 체격이 든든해 보인다. 아내는 남편이 아침마다 남의 집에 물을 길어다 주는 게 내심 못마땅하다. 돈벌이도 되지 않는데 쓸데없이 힘쓰는 게 싫은 기색이다. 그런데도 남편은 운동 삼아 하는 것이라며 명랑한 표정

∘ 컷은 모두 독립되고 정지된 장면이지만, 컷과 컷 사이에 들어갈 수
  있는 장면은 거의 무한대에 가깝다.
  자료: 위기철·이희재,《아홉 살 인생》, 주니어김영사, 2013년.

이다. 착한 품성을 그대로 드러낸다. 아이들도 즐겁게 밥을 먹고 있다. 이 한 컷으로도 이미 큰 분위기는 읽힌다.

없는 살림에 몸까지 아픈데 그리 우울해 보이지는 않는 것은, 가정의 화목한 모습이 커버해주기 때문일까? 가족 전부가 등장한 첫째 컷에서는 각 등장인물의 모습이 작게 그려져 섬세한 묘사에 한계가 있었지만, 다음 컷에서 한 사람씩 분절된다. 드라마로 치면 원샷이다. 아빠와 아들은 바라보는 시각도 첫째 컷과 반대 방향이다. 그리고 엄마의 얼굴은 각도만 살짝 더 돌렸는데, 오른쪽 눈에 안대를 붙였다. 눈병이 났거나 안과 치료 중인 듯하다. 이처럼 각 인물을 독립적으로 배치하고 묘사하며 그 한계를 어느 정도 벗겨낸다. 이쯤만 왔어도 이미 우리는 만화를 전혀 새로운 방식으로 소비하고 있다는 걸 느낄 것이다. 그런데 왜 막내딸에게는 그 공간을 마련해주지 않았을까? 선택과 집중일까, 아니면 성별과 나이에 따른 무의식적 차별 때문일까.

만화의 컷은 모두 정지되고 독립된 장면이다. 그렇다고 각각 파편화된 장면은 아니며, 논리적으로 연결되는 유기적 관계로 이루어진다. 여섯 개 컷은 그런 관계를 자연스럽게 느끼게 해준다. 표정과 짧은 대사로 각자의 캐릭터를 드러낸다. 각각의 컷은 정지된 화면이지만 컷과 컷 사이에는 무수히 많은 장면이 가능하다. 영화는 초당 16개의 그림을 이어서 짧은 동작을 겨우 보여주지만, 만화는 정지된 화면 하나로 완벽하게 표현한다. 영화와 달리 오히려 군더더기가 없어 명료하다. 그러면서 과감하게 다른 각도나 관점으로 표현할 수도 있다.

그 사이, 즉 컷과 컷 사이에 들어갈 장면은 거의 무한대에 가깝다. 컷 사이에 그림을 그려 넣는다면 나는 무엇을 묘사할까? 만약 한 사람이 하나의 장면을 그려 넣고, 그 이유를 설명해본다 치자. 그런 뒤 열 사람이 같은 조건으로 그리고 설명한다면, 열 사람이 모두 다르다. 그러나 완전히 다르지는 않을 것이다. '공통된 흐름'이 있기 때문이다. 두 개의 네모 칸 사이에는 수십 개, 아니 수천 개의 장면들이 가능하다. 그 빈칸에서 우리는 놀라운 상상력의 영토를 경험할 수 있다. TV에서는 결코 만날 수도, 누릴 수도 없는 혜택이다. '멈추면 비로소 보이는 것'의 정수는 바로 이런 것이다. 속도를 내가 결정한다는 말은 이처럼 콘텐츠를 만들어낼 수 있는 못자리가 된다는 뜻이다. 만화는 독자인 내가 개입할 수 있는 여지가 매우 크다는 점에서 매력적이고, 특히 학습에도 꽤 유익하다는 것을 새삼 발견할 수 있다.

각 컷 사이의 '보이지 않는' 그림을 채워 넣는 것뿐 아니라 하나의 컷에서도 생략된 부분을 그려 넣을 수 있다. 당신이라면 첫째 컷에 무엇을 더 넣고 싶은가? 아이들은 또 어떤 그림을 그려 넣을까? 아이들은 어른들과 달리 '엉뚱한' 것을 그리는 경우가 종종 있다. 밥상 위에 그려 넣는 게 어른들과는 전혀 다를 수 있다.

다음의 그림에서 그런 경우를 실감할 수 있다. 어른들은 이 컷의 '생략된' 부분을 채우라고 하면 대부분 책장을 그린다. 그게 논리적 관련성에 걸맞다는 인식이 지배하기 때문이다. 일종의 고정관념이다. 어떤 이들은 창문을 그리거나 벽지를 그려 넣기도 한다. 이는 경험한 것을 관성적으로 재현하는 것이다. 그런데 초등학교 아이들은 전혀 달랐다. 뜻밖에도 책상 위에 과자나 과일 접시를 그리는 경우가 꽤 많았다. 공부하고 있으면 엄마가 먹을 걸 갖다주기 때문일 것이다.

내가 경험한 가장 특이하고 특별하며 놀라웠던 건 책상 위 혹은 무릎 위에 동물을 그린 아이였다. 처음에는 개를 그린 줄 알았다. 왜 동물을 그렸냐고 물었더니 자기는 공부할 때 동물을 쓰다듬고 있으면 집중이 더 잘 되기 때문이란다. 내 딴에는 아이와 더 대화하기 위해 견종을 물었더니 개가 아니라 고양이란다. 그 아이는 왜 고양이를 그렸을까? 상상이 되지 않았다. 그냥 집에서 고양이를 기르기 때문일 거라 짐작했다. 그런데 아이의 대답이 놀라웠다. 개는 자꾸만 놀아달라고 칭얼대고 가만히 있지 않으려 해서 오히려 방해되

○ 이 컷의 '생략된' 부분을 채우라고 하면 어른들은 대부분 책장을 그린다. 그런데 아이들은 전혀 달랐다.

는 반면, 고양이는 가만히 얌전하게 있어서 쓰다듬으며 집중하기 좋단다. 난 상상도 못했던 생각이라 더 놀랐다. 신선한 충격이었다.

이렇게 컷 하나를 멈춰놓으니 어마어마한 것들이 쏟아졌다. 우리는 '수용자가 정하는 속도'에 대해 거의 주목하지 않는다. 그래서 읽는 사람이 속도를 결정하고 내용을 수용하는 방식이 얼마나 생산적이고 창의적인 콘텐츠를 만들어 내는지에 대해 짐작도 못하는 경우가 많다.

콘텐츠의 핵심인 상상력·창의력·협업의 힘을 한껏 느낄 수 있는 만화의 매력이 아직 남았다. 만화에서 생략된 부분을 마음속으로 그려내는 것이다. 이것만으로도 상상력이 자극된다. 그림에 그치지 않는다. 앞서 첫 번째 그림에서처럼 말풍선의 글을 다른 문장으로 바꿔보는 것도 재미

4장 생각의 속도, 그리고 콘텐츠로

있다. 흐름을 벗어나지 않는 범위 내에서 다른 대사로 대체해보면, 논리적 인과관계를 유지하면서 상상력을 키울 수 있다. 멈춰 있는 컷이나 글자가 갖는 독특한 매력이다. 만화를 다 본 뒤에는 각 컷의 말풍선을 비우고 내가 생각하는 문장으로 채워본다. 전체적인 흐름을 파악했기 때문에, 그리고 각 컷의 역할과 내용을 알고 있기에 논리적 호응관계가 어긋나지 않는 범위에서 온갖 다른 대사들로 대체하게 될 것이다.

나는 나름대로 고민해 말풍선을 채웠다. 그런데 다른 친구들의 발풍선을 보면서 속으로 깜짝 놀랐고, 그 문장들을 내 머리와 가슴에 담게 되었다. 내 말풍선을 본 다른 친구들도 나와 마찬가지였을 것이다. 여러 생각이 모여 하나의 말풍선에서 발화한다. 상상력과 창의성의 가능성을 확인하면서 이것이 협업을 통해 얼마나, 그리고 어떻게 증강될 수 있는지 실감하게 된다. 이보다 더 멋진 협업이 또 있을까! 완벽한 집단지성의 사례이다. 이것만으로도 큰 수확이다.

만화의 여러 컷은 만화가가 만들어낸 완성품이고 그 자체로 종결된 것이다. 그러나 이를 읽는 독자, 즉 콘텐츠 소비자는 이 컷들을 세워두고 자신의 생각으로 대체한다. 이는 전적으로 나의 창작물은 아니다. 만화가와 함께 만든 것이다. 요즘 더욱 강조되는 협업collaboration이다. 아마 이 글을 읽는 독자들도 이런 방식은 상상해본 적이 거의 없을 것이다.

4장 생각의 속도, 그리고 콘텐츠로

글은 그림으로, 그림은 글로

이제 글의 경우로 넘어가보자. 쉬운 글은 빠르게 읽는다. 그러나 어려운 글을 그런 속도로 읽을 수는 없다. 뇌의 긴장이나 집중력도 다르다. 조세희의 소설《난장이가 쏘아올린 작은 공》도입부를 읽어보자.

사람들은 아버지를 난장이라고 불렀다. 사람들은 옳게 보았다. 아버지는 난장이였다. 불행하게도 사람들은 아버지를 보는 것 하나만 옳았다. 그 밖의 것들은 하나도 옳지 않았다. 나는 아버지, 어머니, 영호, 영희, 그리고 나를 포함한 다섯 식구의 모든 것을 걸고 그들이 옳지 않다는 것을 언제나 말할 수 있다. 나의 '모든 것'이라는 표현에는 '다섯 식구의 목숨'이 포함되어 있다. 천국에 사는 사람들은 지옥을 생각할 필요가 없다. 그러나 우리 다섯 식구는 지옥에 살면서 천국을 생각했다. 단 하루라도 천국을 생각해보지 않은 날이 없다. 하루하루의 생활이 지겨웠기 때문이다. 우리의 생활은 전쟁과 같았다. 우리는 그 전쟁에서 날마다 지기만 했다. 그런데도 어머니는 모든 것을 잘 참았다. 그러나 그날 아침 일만은 참기 어려웠던 것 같다.

대충 어떤 상황인지는 그려볼 수 있다. 하지만 그냥 '후루룩' 읽어갈 수 없다. 등장하는 인물 하나하나를 그려봐야 하고, 그들이 처한 상황을 유추해봐야 하기 때문이다. 화자의 아버지가 '난장이'*라는 사실 이외에 구체적인 건 아무것도 없다. 그러나 우리는 이 구문을 천천히 읽으면서 대략 짐작할 수 있다. 이 소설의 시대를 경험했거나 유추할 수 있는 세대도, 그렇지 못한 세대도 이 구문을 읽는 데 제법 시간이 걸릴 것이다. 아무 생각 없이 그냥 읽는다면 별 주저하는 대목 없이 그저 연속된 서술로 읽을 수도 있지만, 하나하나 짚어가며 읽어보면 수많은 관계성과 인간의 사고방식, 가치관 등이 이리저리 얽혀 있음을 알 수 있다. 따라서 결코 쉽고 빠르게 읽을 수 없다. 이 구문은 영상으로 담아내기도 매우 힘들다. 아주 탁월한 천재적인 연출가나 감독이 놀라운 해석으로 표현할 수는 있겠지만, 화자의 속마음을 영상으로 표

---

* '난장이'는 '난쟁이'의 비표준어이다. '난쟁이'는 기형적으로 키가 작은 사람을 낮잡아 이르는 말로, '장이'는 '대장장이'처럼 기술자의 의미가 있을 때 붙인다.

4장 생각의 속도, 그리고 콘텐츠로

상한다는 것은 거의 불가능에 가깝다. 오직 독자가 한 글자 한 글자 짚어가고 느껴가면서 나름의 방식으로 이해하고 해석해야 한다. 그런 점에서 독자는 이미 또 다른 연출가이고 감독이다.

영상은 제작자, 연출자, 배우 등에 의해 '해석된' 내용이 제공자의 속도에 맞춰 던져지는 것이다. 그래서 관객들은 대부분 알게 모르게 그의 해석을 따라가게 되어 있다. 영화나 TV 프로그램 대부분은 제공자가 '해석한' 것들이다. 드라마뿐 아니라 뉴스 보도도 마찬가지이다. 제공자가 편의적으로 또는 의도적으로 해석하거나 왜곡한 것들조차 여과 없이 전달된다. 물론 소비자가 가려낼 수 있어야 하지만, 일단 시청할 때는 연출자, 배우, 앵커 등의 다양하고 미묘한 해석들을 일차적으로 수용하게 된다. 의도적이고 음험한 목적의 가짜 정보까지 뒤섞이며 쏟아져도, 이미 수동적으로 받아들이는 데 익숙해지면 시청하면서 끌려갈 수밖에 없다. 이른바 '가짜뉴스'는 그렇게 '의도된 해석'이 개입되어 '소비' 된다.

그에 비해 글은 내가 속도를 조절하면서 묻고 따질 '시간적 여유'가 있다. 속도를 내가 정하는 게 바로바로 '공부에서 탐구로' 이어지는 과정이다. 공부가 거죽의 이해라면 탐구는 속살을 파헤치며 구조적으로 이해하는 것이다. 그러면서 옳고 그름에 대한 기본적 여과를 거치게 된다. 이러한 탐구의 과정에서 섬세한 사유가 발아된다. 앞에 언급한 조세희의 소설에서 거론되는 인물 하나하나의 얼굴, 의상, 체격, 표정, 내면 등을 '내'가 그려내는 것은, 글을 멈춰놓고 캐스팅 디렉터casting director의 입장에서 모든 상상을 총동원하는 것이다.

이를 비즈니스의 영역으로 치환하면 인사personnel의 핵심이 된다. 단순히 스펙으로 뽑는 게 아니라 능력, 잠재력, 인성 등에 대한 다양하고 심도 깊은 탐색이 필요하다. 배우를 선택하기 위해서는 극 전체의 주제와 방향성, 배우의 연기력과 잠재력, 티켓파워, 해석의 문제 들을 고려해야 하듯, 인사 문제도 기업의 철학, 방향성, 미래 등을 고려해 사람을 판단하고 뽑는 것이다. 이후에도 지속적으로 그의 능력을 배가하는 문제까지 고려해야 한다. 그런 능력이 바로 글을 읽는 데서 길러질 수 있다는 건 놀랍고 매력적이다.

각각의 낱말에서 꺼낼 수 있는 것들은 거의 무궁무진하다. 어떻게 꺼내느냐에 따라 글 전체의 흐름과 힘이 결정될 수 있다. 그게 마련되면 비로소 직관, 영감, 통찰, 상상력 등이 가미되면서 훨씬 더 큰 결과를 만들어낸다. 그 결과물이 바로 우리가 원하는 콘텐츠이다. 이 매력을 놓치면 우리가 그토록 갈망하는 콘텐츠의 발견과 배양은 축소되거나 다른

4장 생각의 속도, 그리고 콘텐츠로

방향으로 소진되고 만다.

영상매체나 말 대신 글에 집중하라는 의미가 아니다. 아직은 대부분의 영상매체들이 전적으로 제공자의 속도와 해석에 의해 구성된다는 점을 비판적으로 의식하라는 뜻이다. 또한 이러한 단점을 보완할 수 있는, 속도의 주체로서 사유의 근육을 강화하며 콘텐츠를 배양할 수 있는 힘을 차근차근 키우면 금상첨화라는 뜻이다. 그것만 놓치지 않아도 '이미' 충분하다.

지금은 대부분의 지식과 정보가 영상으로 전달되고, 확신이 들지 않을 때는 인터넷에 접속해 쉽게 확인한 뒤 소비할 수 있다. 그러나 이는 엄밀히 말하면 파편적이다. 큰 흐름과 전체적 맥락 등을 이해하고 해석하며 판단하는 데는 한계가 있을 수밖에 없다. 쉽게 말해, 입말과 이미지로 직관적 수용을 극대화할 수 있는 영상매체가 '공부'의 영역을 충족해줄 수는 있지만, 심화된 지식과 정보를 구축하는 '연구/탐구'의 영역에서는 한계를 드러낼 수밖에 없다. 예전에는 공부로 쌓은 지식과 정보의 양에 따라 삶의 여러 선택이 결정되었지만, 이제는 누구나 마음만 먹으면 인터넷에 접속할 수 있으므로, 공부 양의 수준이 아니라 그보다 한 단계 높은 '연구/탐구' 수준의 경쟁으로 업그레이드해야 한다.

연구라고 해서 학문적 아카데미의 영역을 말하는 게 아

니다. 예전에는 지식과 정보만으로도 경쟁력이 있었다. 그러나 이제는 모두가 지식과 정보에 접근할 수 있고, 심지어 소유(다운로드)도 가능하며, 아무 때나 어떤 주제든 소환할 수 있다. 그러니 그 자체만으로는 경쟁력이 사라졌다. 그럼 무엇으로 경쟁력을 갖출까. 오픈소스의 지식과 정보의 수준을 넘어 그 구조가 형성되고 짜이는 틀을 이해하고, 그 안에서 더 심화된 내용을 캐내야 한다. 그런 의미의 연구/탐구 수준으로 끌어올리지 못하면 경쟁력 있는 콘텐츠 생산은 물 건너간 얘기가 된다. 연구의 영역에서 탄탄하며 체계적인 논리와 질서를 갖추고 파생적 갈래까지 밝혀낼 수 있는 힘의 원천 혹은 가장 큰 소스가 바로 글과 책이다. 그런 의미에서 책을 멀리해도 살아가는 데 전혀 지장이 없다고 말하는 건 위험하다. 살아가는 데는 별 어려움이 없는지 몰라도 창조적 콘텐츠를 만들어내는 힘을 기르기는 어렵다.

그렇다고 책만 읽으면서 긴 문장을 소화하고 생산하는 것이 절대적이라고 주장하려는 건 결코 아니다. 아직도 글을 길게 쓰는 것이 잘 쓰는 것이라고 착각하는 이들도 있다. 불가피하게 길 수밖에 없는 글도 있다. 예를 들어 칸트 Immanuel Kant의 대표작인 3대 비판서(《순수이성비판》,《실천이성비판》,《판단력비판》)에는 한 문장이 한 페이지를 훌쩍 넘는 글들이 허다하다. 그러나 아무도 그 글을 쓰레기라고 평하지

　　　　　4장 생각의 속도, 그리고 콘텐츠로

않는다. 그의 철학적 명제들은 하나의 문장으로 이어질 수밖에 없는 논리적 필연성과 철학적 사유의 풍부함이 있기 때문이다. 적절한 어휘들이 논리적이고 체계적인 구성으로 이루어졌을 경우, 문장의 길이를 구실 삼아 글을 깎아내리지 않는다(물론 그런 칸트도 요즘식으로 다시 쓴다면 결코 그렇게 긴 문장으로 도배하지는 않을 것이다).

철학적 사유의 에세이로 높이 평가되는 헨리 데이비드 소로의《월든》에도 만연체의 문장들이 쉽게 눈에 띄지만, 그것으로 비판받지는 않는다. 낱말 하나하나가 문장 안에서 자신의 역할과 의미를 최적의 형태로 담아 전달하기 때문이다. 물론 가능하다면 비트겐슈타인의《논리-철학 논고》처럼 군더더기 하나 없는 최소한의 문장들로 간결하면서도 명료한 철학적 메시지를 완벽하게 응축할 수도 있으면 좋겠지만, 그렇다고 무조건 짧은 문장이 능사는 아니다. 비트겐슈타인 자신도 이 책에서는 극도로 간결하게 글을 짰지만, 다음 책인《철학적 탐구》에서는 글도 구성도 완전히 달라졌다. 당연히 내용과 이론도 달라졌다. 각각 '그려낼 수 있는 그림'이 다르기 때문이다.

글의 이해는 결국 그림으로 바꿀 수 있을 때 일어난다. 그러므로 읽거나 쓰는 것은 '해석될' 그림을 그리는 일과 같다. 그림이 그려지지 않는 글을 읽고 쓰는 것은 불가능에 가깝다. 또한 그렇게 그려지는 그림은 결코 하나일 수 없다. 이미 완결된 영상 콘텐츠와 달리, 내가 글을 읽으면서 그려내는 그림은 여러 그림들 가운데 하나를 고른 것일 뿐 다른 그림도 무수히 가능하다. 글은 닫힌 게 아니라 이처럼 무한히 열려 있다. 그게 콘텐츠를 만드는 힘이 된다.

하나의 구문에서 출발해 글을 그림으로 전환하고, 그 그림을 다시 '나의 글'로 전환하길 반복하면 나도 모르는 사이에 엄청난 '사고의 잔근육'들이 생겨난다. 그 전환은 다양한 채널에서 가능하고, 각 채널이 어떻게 연결되느냐에 따라 또 다른 '나의 해석'을 만나게 된다. 그게 콘텐츠 생산의 힘이다.

책의 시대가 끝났다는 말에 관하여

많은 이들이 책의 시대는 끝났다고 말한다. 이제는 굳이 책을 읽지 않아도 원하는 지식과 정보를 얻는 데 불편함이 없다. 챗GPT의 출현은 거기에 쐐기를 박는다. 많은 출판사들이 미래에 대한 희망을 내려놓는다. 책 읽는 사람들이 갈수록 줄고 언산 독서량 또한 같은 속도, 혹은 그 이상으로 줄어드는 현실에 속수무책일 수밖에 없기 때문이다. 비단 우리나라만의 문제는 아니다. 전 세계의 흐름이 그렇다. 다만 우리의 하락과 축소의 비율이 더 가파르다는 건 부인하지 못하는 현실이다. 백약이 무효일 지경이다. 열심히 그리고 많은 돈을 투자해서 책을 펴내도 시장에서 외면받는 경우가 다반사니, 좋은 책도 펴낼 엄두를 선불리 내지 못한다. 좋은 책이 나오지 않으니 그나마 있던 독자들도 책을 외면한다. 양적으로는 점진적 성장처럼 보이지만 질적으로나 경영적으로나 위축과 저하는 갈수록 심해진다. 이런 악순환이 반복되니 악화는 어쩌면 당연한 것인지 모른다.

2022년 문화체육관광부와 통계청이 발표한 자료에 따

르면 1년간 책을 한 권 이상 읽은 성인 비율이 2011년 73.7퍼센트에서 2021년에는 46.9퍼센트로 절반 가까이 줄었고, 20대 연평균 독서량은 2011년 18.8권에서 8.8권으로 절반 이상 줄었다. 여기에는 여러 이유가 있을 것이다.

첫째, 책 읽는 교육이 부실하다. 어렸을 때부터 책을 읽는 훈련과 습관을 기르며 그것을 통해 성장하는 경험을 갖는 것은 매우 중요하다. 그러나 불행히도 입시와 주입식 교육에 매몰된 기존의 교육체계와 방식에서 독서는 장식에 불과할 뿐이다. 형식적으로는 모든 학교가 도서관을 갖추고 있지만, 몇몇 교육지원청을 제외하면 정규직 사서 교사를 정식으로 둔 학교를 찾기가 쉽지 않다. 학부모들 자신도 독서교육을 받은 경험이 없으니 자녀들이 다니는 학교에 전담 사서 교사가 있는지 살피는 경우가 거의 없다. 심지어 교사들도 비슷하게 성장했기에 학교에 사서 교사가 반드시 있어야 하느냐고 반문하거나, 심지어 어쩌다 있는 사서 교사를 보조적 역할이나 하는 '열외 교사'쯤으로 대하는 경우도 많다. 이런 상황에서 교과서와 참고서 외의 책은 거의 읽지 않고 10대의 시간을 보내는 청소년들이, 성장해서는 책을 읽을까? 이런 식으로 악순환이 반복된다.

단언컨대 '정식 사서 교사'가 없는 도서관은 단순히 책의 창고에 불과하다. 학부모와 시민이 그것부터 요구하고

4장 생각의 속도, 그리고 콘텐츠로

교육 당국은 응답해야 한다(그런데 서울의 어느 구청장은 작은도 서관을 폐지하고 예산 삭감에 반대한 도서관장을 멋대로 파면하며 기존의 출판문화 인프라도 폐지하는 등 책문화를 지원하기는커녕 축소하는 듯한 독단적 행정을 남발하고 있다. 시민들이 거기에 관심이 없으니 그런 배짱과 만용이 태연히 저질러진다).

둘째, 되풀이하는 말이지만 굳이 책을 읽지 않아도 원하는 정보와 지식을 얻을 수 있는 대체 수단이 무수히 많아졌다. 그러니 갈수록 책이 외면받는 건 어쩌면 자연스럽다. 막을 수도 없고 막아서도 안 되는 일이다. 그렇다고 이를 뛰어넘거나 관심받는 대안을 제시하는 출판사도 별로 없고, 이는 저자들도 마찬가지이다. 그러다 보니 어려운 책은 사람들이 읽지 않으니 '중학교 2학년' 수준으로 읽을 수 있게 써달라고 출판사가 저자에게 대놓고 요구하는 황당한 일까지 생긴다. 물론 시장의 흐름을 무시할 수는 없겠지만 말 그대로 '악화가 양화를 쫓아내는' 판이다. 소비자 입장에서는 '검색 만능'의 시대에 힘들여 두꺼운 책을 읽거나 책값을 부담하기 싫을 것이다. 그러니 책 시장이 오그라들 수밖에 없다.

여기까지는 누구나 지적하는 '일반적인' 분석이다. 첫 번째 원인은 어제오늘의 일이 아니므로 절대적 원인일 수는 없다. 두 번째 요인은 인터넷과 스마트폰이 보편화되면서 생긴 최근의 현상이다. 예를 들어 스마트폰은 언제 어디서나 손에 들려 있고, 전원과 와이파이만 연결되면 원하는 정보를 찾거나 소비할 수 있다. 돈도 들지 않는다. 반면 책은 들고 다니기 불편하고 값을 지불해야 하며, 궁금한 게 있어도 그 책 외에는 다른 것을 찾아볼 수 없다. 대안이 없다면 모를까 훨씬 성능이 뛰어나고 내용을 더 많이 보유한 수단이 있으니 책을 멀리하는 건 당연하다. 그러나 그렇게 여기저기서 모은 '조각 정보'들은 분산적이고 통일성이 없으며, 당연히 체계적 통찰력도 가져다주지 못한다. 한 권의 책이 특정한 지식 또는 정보를 분석하거나 해석해 하나의 문제를 깊고 넓게 헤아려 파악하는 통찰력을 주는 것과는 대조적이다. 이걸 경험하지 못하면 책에 대한 관심과 매력 그리고 필요성을 점점 더 느끼지 못하게 된다.

그렇다면 셋째 이유는 무엇일까? 경제적 이유가 책을 멀리하게 만드는 가장 핵심적 요인은 아닐 것이다. 사람들은 경제적 여유가 생기면 책을 구매하기보다는 더 액티브한 활동에 돈을 쓰는 게 현실이다. 그러니 일단 경제적 요소는 배제하자. 결국 문해력 저하가 큰 요인이다. 갈수록 문해력이 떨어진다는 말에 의아해하는 이들이 많다. 문맹률이 세계적으로 가장 낮은 축에 속하는 대한민국에서 이 무슨 뜬금없는 말인가 싶을 것이다. 하지만 '글을 읽을 수는 있지만

　4장 생각의 속도, 그리고 콘텐츠로

문장의 뜻을 파악하고 풀어내는' 능력이 떨어진다. 조금만 어려운 어휘를 쓰면 무슨 뜻인지 모르는 지경까지 이르렀다. 상像으로 소비하는 지식과 정보에 익숙한 탓에, 기호로 전환시켜 자신의 에너지와 능력을 가미해야 하는 글을 불편해한다.

이해력과 상상력은 '상'과 기호의 상호 전환이 활발하게 이루어질 때 증강한다. 바꿔 말하면 그 상호 전환이 활발하게 이루어지지 않거나 이루어지지 못하면 상상력이 거세된다는 뜻이다. 상에 의존하는 영상매체 등의 채널에 고착되년 연출가/감독과 배우 등에 의해 '해석된' 것을 일방적으로 수용하는 데 익숙해진다. 거기에 상상력이 전혀 가미되지 않는 건 아니겠지만, 속도를 '멈춰놓고' 생각해보거나 상상할 기회는 얻기 어렵다.

이성부의 시 〈노래〉의 일부를 살펴보자. "고향에 내려 바람에 눈 씻고 보면/고향 사람들의 얼굴/대낮에도 웬 그림자가 가려 있다." 이 구절에는 어떤 '말(대화)'도 들어 있지 않다. 이 장면을 상으로 담는 건 결코 쉽지 않다. 그것은 상과 기호가 품어내는 의미와 해석이 서로 다르거나, 방식에 차이가 나기 때문일 것이다. "바람에 눈 씻고"를 과연 어떻게 상으로 서술할 수 있을까. 글이라는 기호는 이를 표현하는 데 별 어려움이 없다. "고향 사람들의 얼굴"은 그냥 스쳐 지나는 '어떤 한 사람'들이 아니다. 나와 관계가 있고 인연의 사슬이 닿은 구체적인 사람이기도 하고, 내 마음속에 담긴 고향 이미지가 투사된 추상적 인물일 수도 있다. "그림자"는 또 어떠한가? 이는 수심일 수도 있고 휴식의 그늘일 수도 있을 것이다. 낱말 하나하나가 특별한 의미를 갖고 나름의 이야기를 드러낼 수 있다. 이미지로도 어느 정도 해석 가능한 그림을 그려낼 수 있겠지만, 이는 기호가 엮어낼 수 있는 상상력의 여지에는 미치지 못한다.

이 시 구절은 그 어떤 것도 직접적으로 설명하거나 서술하지 않는다. 그럼에도 역사책 한 권의 거대한 서사를 담을 수 있다. 어떤 소설가나 극작가는 '대낮에도 드리워진 그림자를 담고 있는 한 사람'의 얼굴을 다양한 방식으로 풀어내는 스토리를 창조해낼 수도 있다. 콘텐츠라는 건 바로 그 지점에서 폭발한다. 단순화의 오류에 빠질 위험을 무릅쓰고 말한다면, 말이나 이미지가 풀어내는 콘텐츠는 글을 풀어낸 스토리가 빚어낸 콘텐츠에 미치기 어렵다. 이는 기호의 차원 이상으로서 글이 갖는 놀라운 힘이다.

우리는 바로 이 점에 주목해야 한다. 글이 단순히 지식과 정보의 기록과 저장, 그리고 교환의 도구가 아니라 일종의 콘덴서condenser(농축기, 압축장치)로 소비될 때 엄청난 콘텐츠 생산력이 생긴다는 사실을. 그동안 이를 무시해온 것은

4장 생각의 속도, 그리고 콘텐츠로

글이 지식과 정보를 기록·저장·교환하는 기능만으로도 충분히 위력을 발휘해왔기 때문일 것이다. 그 종합판이 바로 책이다.

거듭되는 말이지만, 글은 독자 자신의 속도에 따라 완급을 조절할 수 있으며, 순간적으로 되돌아갈 수도 있다. 따라서 어느 낱말 어느 문장에 꽂히느냐에 따라 각자 관심이 다를 수 있고 확장된 해석도 가능하다는 점 또한 무시할 수 없다. '그림자'라는 낱말에 마음의 발뿌리가 걸려 주춤하면서 '대낮에도 드리워진 그림자'의 의미와 맥락을 짚어보다가, 그 뒤에 깔린 무한한 스토리의 물꼬를 틀 수 있다는 점 또한 글의 엄청난 힘임에 주목할 필요가 있을 것이다. 이는 정서적 글에만 해당되는 게 아니다. 다음의 문장을 보자.

> 우리가 역사나 소설에서 관대한 행동이나 비열한 행동에 대해 기술記述한 것을 읽을 때, 전자에 대해서는 감탄을 느끼고 후자에 대해서는 비난을 느끼게 되는데, 한 종류의 모든 행동은 감탄할 만하고 다른 종류의 모든 행동은 경멸할 만하다고 선언하는 어떤 일반 준칙이 있다는 생각에서 감탄이나 비난이 생겨나는 것은 아니다.

애덤 스미스Adam Smith의 《도덕감정론》에 나오는 이 문장(게다가 '하나'의 문장이다!)은 아예 이미지로 표상할 수 없다. 하나의 논리적 명제이다. 이 문장에 나타난 '관대', '비열', '경멸', '준칙' 등의 낱말은 구체적 대상이나 표상이 아니라 관념 혹은 개념을 담고 있다. 그런 관념 혹은 개념은 그 자체로 하나의 사유이며, 매우 다양하고 복합적인 해석이 가능하다. 그뿐 아니라 어떻게 연결되고 결합되느냐에 따라 뜻과 느낌이 매우 다양하게 펼쳐질 수 있다. '경제학의 아버지' 애덤 스미스는 당대 탁월한 철학자였던 동시에 선구적인 심리학자이기도 했다.

학문의 영역에서 다루는 어휘들은 개념과 관념을 다룬다. '개념'은 넓게 말하면 다양한 영역에서 조금씩 갈래와 함축을 달리하지만 통상적 의미, 즉 사전적 의미에서는 "하나의 사물을 나타내는 여러 관념 속에서 공통적이고 일반적인 요소를 추출하고 종합해 얻은 관념" 혹은 "어떤 사물에 대한 일반적인 뜻이나 내용"을 담는다. '여러' 관념 속에서 '공통적이고 일반적인' 요소를 추출하고 종합한다는 것은, 달리 말해 공통적·일반적 요소를 추출하고 종합한 낱말에서 역순으로 여러 관념을 이끌어내고, 이를 표상하는 '하나의 구체적인' 사물을 짚어낼 수 있다는 의미이다. 이러한 과정에서 여러 갈래로 추론된 것들을 모아 다양한 경우의 수를 집산해보면 놀라울 만큼 다양한 결과들을 경험할 수

4장 생각의 속도, 그리고 콘텐츠로

있다.

'문학적 문해력'을 예로 들어보자. 어떤 이는 문학의 쓸모가 있느냐고 묻는다. 다른 사람이 쓴 글을 통해 자신과 삶을 읽어낼 힘이 있다는 것을 모르기 때문이다. 문학은 여러 삶의 지침들에 대한 뼈대만 보여주는 게 아니라, 살을 붙여 피를 돌게 하고 생동감을 느끼게 한다. 독자들은 문학 속 인물들을 통해 삶에 공감하고, 결국 내 삶을 바라보게 된다. 문자라는 납작한 평면을 입체화해 내 삶과 같은 대칭 구조를 만들 수 있게 하는 것이 문학의 힘이다.

소설은 남의 삶을 아주 치밀하게 구성적으로 엿보는 것이다. 엿보기로 시작했는데 다 읽고 나면 내 삶의 한쪽 귀퉁이와 겹친다. 소설과 소설적 상상력은 우리를, 우리의 삶을 훨씬 더 역동적이고 농밀하게 만들어준다. 소설에는 세상을 보는 다양한 시선과 방식이 구체적·직접적으로 담겨 있다. 따라서 단순히 현상만이 아니라 그 속살까지 짚어보면서 다른 삶의 밀도를 대신 느끼게 된다. 살면서 모든 걸 경험할 수는 없다. 우리는 작가의 시선을 통해 내가 꾸려야 할 삶의 방향을 잡는다. 비극이건 희극이건, 수준이 높건 낮건 소설은 삶과 세상, 그리고 인간에 대한 친밀감을 새롭게 하고 또한 낯설게 바라보도록 해주는 매력이 있다.

시는 감수성의 정수라 할 수 있다. 감수성이라는 게 말랑말랑하고 따뜻한 것만을 의미하지는 않는다. 대상의 본질에 대해 정서적으로 사유하고, 이를 내 삶으로 끌어당길 수 있다는 의미다. 감수성은 머릿속에 있는 것을 심장으로 이어줄 수 있다. 감수성이 없으면 아는 것이 아무리 많더라도 삶이 부박해진다. 정서와 감정의 문제에 그치지 않고, 삶의 본질을 꿰뚫고 들어가는 것이 바로 문학적 감수성이다. 시는 인간의 위대한 직관적 성찰의 산물이다. 이것을 잊으니까 시를 놓치고 산다. 시 한 편 읽은 날은 그렇지 않은 날과 삶의 밀도가 다르다. 시를 읽은 날에는 사람을 대하는 태도와 일에 대한 자세도 달라진다. 시는 일상의 타성에서 벗어나게 하는 힘이 있다. 시인의 언어는 우리의 삶을 깨우고 세상을 바라보는 눈을 넓혀준다.

시는 단순히 서정성만 고취하는 게 아니다. 미국의 시인 월트 휘트먼Walt Whitman은 정부가 모든 사람이 평등하다는 환상을 심어줄수록 시민들이 사회적으로 인정받고 존중받기 위해 더욱 피나게 투쟁한다고 생각했다. 다시 말하면 미국 사회는 '모든 사람이 중요한 사람이고 아무도 하찮은 사람이 아닌 그런 사회Everybody is somebody, nobody is anybody'를 지향하는데, 그것이 그리 쉬운 일이 아니라는 점을 통찰했다. 그의 시는 아름다운 언어로 쓰였지만, 그 내용은 매우 정치적이고 서사적인 것들이 많다. 휘트먼은 링컨Abraham

Lincoln을 특별히 존경했는데 자신과 정치적·사회적 이상이 일치했기 때문이다. 휘트먼은 링컨이 암살되었을 때 그를 애도하는 시 〈라일락꽃 필 무렵〉과 〈오! 캡틴, 나의 캡틴!〉 같은 시를 썼다. 링컨은 라일락꽃이 피는 4월 중순에 암살당했는데, 이 시로 인해 해마다 라일락꽃이 필 때쯤이면 많이 이들이 링컨을 기억하게 되었다. 그리고 그 기억은 링컨의 정치적 이상을 거듭 상기시킨다.

이처럼 시는 서정과 더불어 묵직한 서사도 담아낸다. 박노해 시인의 시집 《노동의 새벽》은 치열하게 살아가면서도 인간다운 삶을 누리지 못하는 이 땅의 수많은 노동자들의 삶에 대한 묵직한 울림으로 우리를 깨운다. 그의 시는 인간다운 존재가 되고 싶어 하지만 사회의 모순적 구조에 짓밟힌 인간 군상의 신음과 저항을 담고 있다. 물론 그의 시에는 애틋한 서정도 깔려 있다. 그러나 시어 하나하나가 우리를 깨우는 것은, 사회와 정치의 모순과 부패를 고발하는 동시에 하찮다 여겨지는 이들에게 용기와 연대의 힘을 불러일으키기 때문이다.

따라서 '문학적 문해력'이란 단순히 글을 읽는 능력을 넘어 삶의 숲을 읽고 가꿀 수 있는 내적인 해석능력을 의미한다. 그런 문학적 문해력이 있어야 소설 한 편 읽기가 관념적으로나마 우리 가슴에 세상을 끌어오도록 만들 수 있다.

그게 농밀한 삶이다. 그 밀도를 읽어낼 수 있는 게 문해력의 핵심이다. 문해력은 이러한 문학적 문해력의 영역에 국한되지 않고 모든 분야에 비슷하게 적용된다. 이처럼 문해력은 매우 다양한 방식으로 이해되어야 한다. 그냥 글을 읽고 이해하는 능력이 아니다.

문해력이 떨어진다는 건 글을 읽지 못한다는 게 아니라 앞서 말한 과정에 적응하지 못하고 스스로 그 문을 닫는다는 뜻이다. 말(구어)을 통해 의사소통하고 정보를 교환하는 데 익숙해지면서 일상생활에서는 어려운 게 없으니, 기호언어(문어)의 다양하고 자유로운 전환 과정이 불편해진다. 이게 반복되면서 문해력은 쇠퇴한다. 글의 해독을 통해 이해력이 깊어지고 상상력도 발현되는 경험이 감소하지 않도록 막는 방법을 모색해야 비로소 책의 시장도 마련될 수 있을 것이다.

물론 이러한 경험이 글에서만 발현되는 것은 아니다. 말에서도 경험할 수 있다. 그러나 그 강도나 빈도는 분명히 글에서 훨씬 도드라진다. 갈수록 구어가 힘을 발휘하는 세상에서 문어의 약화는 자연스러우며, 이를 되돌리거나 막는 것은 어리석다. 하지만 글을 멀리하고 오로지 말로만 해결하려는 것은 일종의 편식이다. 좋은 편식이라는 건 없다. 두 가지 무기가 있는데도 하나의 무기만 고집하는 것은 전쟁에

　　　　　4장 생각의 속도, 그리고 콘텐츠로

서 불리한 패를 고집하는 것과 다르지 않다.

말이 주류가 되는 현실에서 글을 충실한 참모로 쓰기 위해서는 의식적으로라도 글을 놓치지 않는 노력이 필요하다. 그리고 가능한 범위 내에서 이를 일상의 언어로 발화하려는 습관을 마련하는 것이 좋다. 이것이 상과 기호의 자유로운 교환을 이끌어내고, 상상력과 콘텐츠를 이끌어낸다는 점을 기억해야 한다. 무엇보다 책을 읽은 사람과 그렇지 않은 사람이, 삶의 밀도가 다르다는 걸 입증해야 한다.

바닥에 떨어지면 그때가 바로 다시 오를 수 있는 지점이다. 책의 시대는 끝나지 않았다. 그리고 끝나지 않을 것이다. 다만 새로운 전략과 비전을 마련해야만 그렇다.*

---

* 4월 23일은 유네스코가 정한 '세계 책과 저작권의 날'이다. 영국의 극작가 셰익스피어와 《돈키호테》를 쓴 세르반테스가 사망한 날이기도 하다. 이 날은 책을 구입하는 사람에게 꽃을 선물하는 스페인 카탈루냐 지방 축일인 '성 조지의 날(St. George's Day)'에서 유래되었다. 밸런타인데이나 빼빼로데이처럼 좋아하는 사람에게 '책 선물하는 날'로 만들면 좋을 것이다. 그 사람에게 가장 어울릴 책을 고르는 것만으로도 이미 훌륭한 스토리텔링이 되지 않는가.

판을 짜는 능력

청소년들의 문해력 저하를 막고 독서 습관을 키우기 위해서는 교육계와 출판문화계가 '언어사춘기'에 주목할 필요가 있다. '언어사춘기'는 내가 고안한 말이다. 미국에서는 초등학교 4학년 정도에 기존의 과제를 줄이는 대신 책 읽기 과제를 늘리는 관행이 100년 넘게 지속되고 있다. 왜 그 시기로 정했을까? 확실한 근거는 나와 있지 않지만, 그것이 좋은 전통이며 경험상 효과적이고 바람직한 교육과정이라고 여기기 때문일 것이다. 그런데 20세기 후반부터 21세기 초반에 걸쳐 언어학자, 교육학자, 아동심리학자, 뇌과학자 등이 협업해 연구한 결과, 10세 전후에 어른의 언어를 본격적으로 습득할 뿐 아니라 수용 감도가 가장 좋다는 것을 알아냈다. 이 시기에 대한 정식 명칭은 없어서 나는 이를 '언어사춘기'라고 이름 붙였다.

'아이의 언어'에서 '어른의 언어'로 넘어간다는 것은 무슨 의미일까? 어른의 언어에서는 어려운 낱말들이 다양하게 쓰이고, 문장도 길며, 다양한 수식어들의 사용 빈도가 높

4장 생각의 속도, 그리고 콘텐츠로

아지고, 특히 추상적 개념의 언어들이 일상적으로 쓰인다. 이는 입말(구어)보다 글말(문어)의 형태로 자주 나타난다. 아이들로서는 낯설고 어려운 낱말들이다. 그런데 10세가 되면 이런 언어들에 대한 이해도가 높아지고 수용 능력도 커진다. 그 시기를 놓치면 이해하고 수용하는 데 더 많은 에너지를 소비해야 한다. 심지어 어떤 낱말의 경우 평생 사용하지 않은 채로 삶을 마감할 수도 있다(그런 낱말들은 일상의 언어는 아니지만 매우 품격이 높은 말이거나 고도로 추상적인 어휘일 확률이 높다). 그 언어를 모르고 산다는 건 그 낱말에 담긴 의미와 힘에서 배제된다는 뜻이기도 하다. 미국에서 초등학교 4학년, 즉 10세의 나이에 읽기 과제를 늘린 게 이를 알았기 때문은 아닐 테지만, 그 시기에 책 읽는 습관을 키우는 것이 교육적으로나 인격 형성의 면에서 유리하다고 경험적으로 판단했던 것 같다. 행운이나 우연의 일치라기보다는, 오랫동안 축적된 경험에 따른 보편적 판단이 나중에 과학적으로 증명되었다고 보는 게 맞을 것이다.

어찌 되었건 미래의 콘텐츠를 발현시키기 위해서는 지금의 청소년을 비롯한 청년 세대가 세상의 변화를 수용하는 동시에 새로운 패러다임을 찾아내는 힘을 축적해야 할 것이다. 그 힘은 어디에서 배양될까? 현대 기술과 그에 따른 다양한 매체의 발전을 따라잡으면서 구현할 수 있어야 하고,

인류 문명이 쌓아온 발전 근원의 본질도 놓치지 말아야 한다. 나는 그 힘의 중요한 축이 언어에 있다고 단언한다. 그래서 언어사춘기에 각별히 주목할 필요가 있다고 본다.

주목할 점은 누군가 환기시키지 않으면 언어사춘기를 놓치고 넘어가기 쉽다는 사실이다. 흔히 사춘기는 연령을 통해, 즉 나이에 'teen'이라는 접미사를 달고 있는지 여부로 알 수 있고, 생물학적으로는 겉으로 드러나는 여러 성징性徵을 통해 쉽게 알 수 있다. 그러나 정작 그보다 '먼저 오는' 언어사춘기에 대해서는 잘 모른다. 주목하지 않으면 놓친다. 그리고 지금까지 여기에 주목한 이론도 거의 없다. 이제라도 이 문제에 대한 환기는 필수적이다. 어렸을 때 이 시기를 놓치지 않는다면 언어에 대한 능력을 키울 수 있고, 그 언어의 힘만큼 삶이 성장할 것이니 초등교육의 가장 핵심적인 주제로서 주목하는 게 좋다. 출판계도 책 시장의 활성화라는 논에 옮겨 심을 어린 벼의 못자리로서 여기에 관심을 가져야 한다. 콘텐츠를 길러낼 힘이 나올 수 있다는 점에 주목하면 결코 가볍게 넘길 문제가 아니다.

설령 부모 자신은 그 시기를 미처 모르고 넘어갔더라도, 아이들의 미래를 위해서는 이를 반복하면 안 된다. 애도 어른도 이구동성으로 책 읽을 필요 없다는 세상에서 이 말이 "자다가 봉창 뜯는" 말처럼 느껴질지도 모른다. 굳이 읽

4장 생각의 속도, 그리고 콘텐츠로

지 않아도 원하는 지식과 정보를 얻을 수 있는 세상이 아닌가. 게다가 그 또한 글이 아니냐는 반문이 나올 수 있다. 그러나 책을 읽으면 한 사람의 생각을 체계적·논리적으로 이해하게 되고, 통사적 관점을 구축할 수 있기 때문에 체계적·논리적 판단력과 사유 능력이 생긴다. 극단적으로 말해 지식과 정보를 얻기 위해서라면 책을 읽지 않아도 살아가는 데 별로 지장이 없겠지만, 섬세한 사유와 이를 토대로 하는 사상적 내용의 지식은 쌓을 수 없으며, 풍부한 감정과 다양한 감각을 키우기도 어렵다. 그런 사유와 사고가 없으면 걸맞은 판단도 할 수 없고, 그런 행동과 삶 또한 당연히 불가능하다. 그래서 글과 책을 읽는다. 예전의 글 읽기 목적과 지금의 목적이 다를 수밖에 없는 이유이다. 그런 의미에서 언어사춘기를 놓치면 치러야 할 대가가 너무 크다.

무엇보다 책에는 개념과 관념을 담은 사유의 언어들이 가득 담겨 있다. 사유의 언어들만 있는 게 아니다. 다양한 감각과 깊고 풍성한 감정의 언어들도 가득하다. 그런 어휘를 배우고 익혀 소화할 수 있는 사람은 그 어휘들이 담아내는 삶을 살 수 있다. 따라서 '주인'이 되어 더 나은 삶을 추구하고자 노력하는 사람이라면 책을 멀리해서는 안 될 것이다. 어떤 주제나 사건을 단편적으로 이해하거나 판단하지 않고 전체의 틀 속에서 바라볼 수 있는 힘을 길러야 한다. 이처럼 '판을 짤 수 있는' 능력이 콘텐츠 생산의 핵심이다. 어떠한 내용이든 상황을 정확하게 인식하고 판단하는 힘을 기르기 위해서는 내가 언어의 주인이 되어야 한다. 가짜뉴스에 휘둘리고 그릇된 판단을 내리는 것은 개인의 문제를 넘어 사회적으로도 해롭다. 그래서 언어사춘기라는 특정한 시기에 주목해야 한다.

언어사춘기에 주목해야 할 현실적인 이유도 있다. 언어사춘기를 놓치면 공부도 망가지기 쉽기 때문이다. 아이들이 공부와 멀어지는 이유는 여러 가지이겠지만 일상에서 사용해본 적도 없는 '어려운 말', 즉 개념이나 관념을 다루는 말들이 가득 담긴 교과서를 이해하기가 어렵기 때문이기도 하다. 세상에서 가장 간결하면서도 불친절한 책이 바로 교과서이다. 봐도 무슨 뜻인지 잘 모른다. '글자'는 읽을 수 있는데 '뜻'은 파악되지 않는다. 그 언어에 익숙하지 않기 때문이다. 그 언어는 대부분 '어른의 언어'들이다. 아이들은 자연스럽게 공부와 멀어진다. 공부가 인생의 전부는 아니지만, 공부를 통해 훈련하는 시기를 놓치면 자칫 평생 뒤처지면서 살기 쉽다.

게다가 대개는 그렇게 일찌감치 정해진 인생 여정에서 역전의 삶도 허용되지 않는 게 현실이다. 이게 더 원통하고 억울한 일이 아닐까? 과연 역전의 가능성이 있을까? 있다면

4장 생각의 속도, 그리고 콘텐츠로

어떻게, 어디에서 만들어낼 수 있을까? 내 사랑하는 아이가 지금 당장은 인지이해력이 온전히 발현되지 않아 좋은 대학에 진학하지 못하고, 좋은 '첫 직업'을 얻는 데 불리하더라도, 5~10년 뒤에는 '역전의 삶'이 가능하려면 그에 걸맞은 실력을 쌓아둬야 한다. 그 실력을 어디에서 얻을 것인가. 바로 책이다! 꾸준히 읽은 책에서 얻은 힘이 역전의 삶을 가능하게 해줄 것이다.

흔히 아이가 초등학교 때까지는 공부를 곧잘 했는데 중학교에 진학한 뒤부터는 이상하게 성적이 뒤처진다고 하거나, 아이의 떨어진 성적이 나쁜 친구들을 사귄 탓이라고 푸념하는 부모들이 많다. 그런데 이는 아이가 나쁜 친구를 사귀고 게임에 빠졌기 때문이 아니라, 초등학교 교과서와 달리 중학교 과정에서는 낯선 말로 가득한 교과서와 난해한 설명으로 가득한 수업을 이해하지 못했기 때문이다. 아이들에게 '공부가 그저 힘겹게만' 느껴지는 배경을 알아야 한다. 학원에 보낸다고 해결되는 게 아니다(농반진반으로 많은 부모들이 "학원에 아이를 보내는 건 아이와 집에서 싸우기 싫기 때문"이라고 말한다). 아이의 손에 책을 쥐여주고 함께 읽어보는 게 훨씬 도움이 된다(그러려면 평소 부모가 책 읽는 모습을 자주 보여주어야 한다. 부모가 TV를 보면서 아이들에게 책을 읽으라고 할 수는 없지 않은가).

딱딱한 개념어나 관념어를 평소에 자주 말해서 아이가 '접촉'하도록 해줄 필요도 있다. 부모가 아이들의 교과서를 진도보다 보름 정도 앞서 읽고 그 단원의 핵심 용어와 개념을 골라(절대로 그 낱말을 가르치면 안 된다!) 일상생활 중에 아이 앞에서 자주 언급하는 게 꽤 도움이 된다. 아이가 그 순간에는 경청하지 않아도 보름 뒤 수업 시간에, 그리고 책에서 그 낱말을 만나게 되면 친숙하게 느낄 것이다. 이해의 과정도 매우 빠르고 효율적으로 바뀐다. 그것만 해도 아이들의 학습 능력이 상승한다. 이런 게 진짜 '실용'이다. 그래서 언어사춘기가 중요하다.

내 아이 남의 아이 가릴 게 아니다. 우리 모두의 아이들이고 미래가 그들의 것이다. 그러니 언어사춘기를 놓치지 않도록 생각의 고삐를 늦추지 말아야 한다. 그 시기를 잘 넘긴 사람이 살아가면서 좋은 콘텐츠를 생산할 수 있고, 그들의 미래도 밝아질 수 있을 것이다. 언어사춘기, 결코 가볍게 넘길 게 아니다.

글을 쓰면 생기는 일

'적자생존適者生存, the survival of the fittest'은 다윈Charles R. Darwin 의 진화론을 따르던 허버트 스펜서Herbert Spencer가 사회-철학 용어로 처음 사용한 말이다. 흔히 '약육강식'과 짝을 이루는 말로 착각되어 엉뚱한 폐해를 낳는 말이기도 하다. 이제 적자생존은 새로운 뜻, 즉 '적는write 사람이 살아남는다'는 뜻이 요구된다. '적는다'는 행위가 기억의 한계를 벗어나 언제든 필요할 때마다 소환하거나 찾아볼 참고사항reference을 기록해두기 위해서만은 아니다. 우리는 쓰는 과정을 통해 내용을 어느 정도 음미하게 된다. 글을 쓰는 건 단순히 머리와 손의 상호작용으로만 이루어지지 않는다. 눈도 집중해야 한다. 결국 온몸이 기능하는 것이고 온몸으로 기억하는 셈이며, 더 나아가 온 정신이 기능하는 것이다.

우리는 매일 무수히 많은 생각을 하며 살아간다. 그러나 정리되는 생각들은 그리 많지 않다. 생각이 흩어지거나 이런 생각 저런 고민을 한꺼번에 꺼내다, 정작 어느 하나 제대로 진화시키지 못하고 엉킨 상태로 접게 되는 경우가 허다하다. 그럴 때 글은 좋은 안내자가 된다. 쓰다 보면 내 생각이나 고민의 실체를 객관적으로 인식하게 되고, 쓰는 동시에 읽기 때문이다. 그렇게 완성된 글은 내 생각과 고민이 담긴 객관적인 자료가 된다. 또한 글을 쓸 때는 글의 주제와 전체 윤곽을 염두에 두고 논리적으로 서술하므로 단순히 생각이 정리되는 데 그치지 않고, 이를 심화시켜 해결 방안을 구체적으로 살펴보게 해준다. 이른바 자소서(자기소개서)는 누군가에게 나를 어필하기 위한 것이기 이전에 나를 객관적으로 바라보고 정체성을 인식할 수 있는 중요한 근거가 되는데, 이러한 사실과 상통하는 것이다.

글을 쓴다는 건 내가 온 세상, 아니 우주 전체와 완벽하게 일대일로 대면하는 것이다. 내 생각을 써내려가는 동안 그 어떠한 것도 개입하지 않는다. 단어 하나하나 생각나는 대로 쓰는 일은 흔치 않다. 대문호도 적절한 낱말 하나를 고르지 못해 한나절을 허비하는 일이 허다하다. 물론 청산유수의 언변에 버금가는 일필휘지의 공력을 발휘하는 천재도 있겠지만, 그런 사람조차 엄청난 연습과 반복을 거듭한 끝에 그런 능력을 얻었을 것이다. 글은 신중한 선택을 요구한다. 같은 뜻을 지녔어도 어떤 낱말을 선택하느냐에 따라 글맛과 의미가 달라지기 때문이다.

이 책은 글쓰기를 목적으로 한 것이 아니다. 누구나 글

4장 생각의 속도, 그리고 콘텐츠로

을 잘 쓰고 싶은 욕망이 있다. 요즘은 다양한 방식의 채널이 늘어나면서 글을 쓰고 읽힐 기회가 많아졌다. 이에 따라 그 욕망을 실현하도록 돕는 목적의 책들도 많이 출간되고 있다. 고백건대 나는 그런 책을 쓰지 못한다. 나 자신이 글을 잘 쓰지 못하는데 어떻게 글쓰기에 대한 책을 쓰겠는가. 이 책은 언어에 대한 이해와 우리의 태도를 살펴봄으로써 삶의 큰 부분을 차지하는 '언어 영역'을 성찰하고, 이를 통해 한 단계 더 나은 사유와 성찰을 이끌어내는 힘에 대해 다루었다. 더 나아가 그 힘이 콘텐츠 생산의 원동력이 될 수 있다는 점을 알리려 한다. 좋은 글에 대한 생각과 판단은 사람마다 다르고 조건에 따라 달라지지만, 글을 통해 사유가 섬세해지고 성찰이 깊어진다는 점은 분명하다. 글을 쓴 내가 가장 먼저 읽어봄으로써, 내 안에 있던 것을 밖으로 꺼냈을 때 어떻게 표상되는지 확인하면서 사유와 성찰을 강화한다.

이는 앞에서 누누이 강조했던 '낱말 만지기'의 정수가 된다. 글을 쓰는 것은 가장 분명한 낱말 만지기이다. 쓰기 전에도 그 낱말을 만져야 꺼낼 수 있고, 쓴 뒤에는 다시 눈으로 만지고 생각으로 만진다. '낱말 만지기'를 생략하거나 건너뛰는 글은 진정성을 갖지 못한다. 아무리 미사여구로 장식해도 진정성이 빠지면 팥소 없는 매끈한 밀가루 덩어리에 불과하다. 그러므로 글쓰기는 '낱말/문장 만지기' 훈련에 가장 효과적이다.

　많은 사람들이 글 쓰는 걸 어려워하는 건, 말과 달리 '낱말 만지기'가 훈련되지 않아 익숙하지 않기 때문인 경우가 대부분이다. 나도 40여 권의 책을 쓰며 오랫동안 글을 써 왔지만 글 쓰는 일은 늘 어렵다. 주제를 잡고 연구한 뒤 결론까지 마련했어도 그것을 글로 옮기는 일은 쉽지 않다. 그런 경우 나는 머릿속에 잡히는 글부터 쓴다. 굳이 순서에 맞추지 않더라도 그 문장을 '쥐고' 앞뒤를 살피며 적절한 문장을 구상한다. 분명 나의 생각이고 내가 쓴 글인데도 글자라는 기호로 모습이 드러나면 그 실체가 어느 정도 만져진다. 글을 쓴다는 건 단순히 나의 생각을 드러내는 것이 아니라, 내가 첫 독자가 되어 내 사유와 감정을 객관적으로 인식하는 과정이다.

　나는 글을 쓰는 일에서 가장 매력적인 것이 여러 과정을 거치는 '번거로움'이라고 생각한다. 글을 쓰기 위해서는 먼저 내 생각을 정리해야 한다. 그리고 그 생각을 언어로 변환하고 그 언어가 적절한지 등을 따지는 선별 과정을 거친다. 최종적으로는 그것을 글자로 표현한다. 생각나는 대로 발화할 수 있는 '말'에 비하면 분명 번거롭고 시간까지 잡아먹는다. 게다가 특정한 목적이 없으면 굳이 글로 쓸 이유도 없다. 그러나 이 번거로움은 내가 글을 쓰면서 '온몸'을 사용하도록 전체적으로 자극하며, 이를 통해 새로운 생각의 틈새를 만들어낸다.

내가 쓴 글을 내 눈으로 읽지 않기란 불가능하다. 나는 기호를 시각적으로 인식하고, 그 인식된 기호를 다시 '그림'으로 전환해 이해하며 확인한다(내가 쓴 글이니 당연히 이해하는 것이지만, 이 경우 이해는 '이해의 재확인 혹은 재구성'으로 보면 될 것이다). 이는 '창조적인 번거로움'이다. 번거로움의 절차가 복잡할수록 뇌의 활동은 활발해지고, 그 과정에서 창조적 발상이 돋아난다. 그러니 이러한 글쓰기는 콘텐츠를 만들어내는 매력적인 일이 아닐 수 없다. 읽는 일과 쓰는 일이 서로 끊임없이 상호작용하며 내 생각의 창고를 채운다.

호모 픽투스와 실천의 글쓰기

우리가 하루에 말하고 듣고 읽고 쓰는 언어가 얼마나 될까. 생각하는 언어까지 셈하면 어마어마한 양이 될 것이다. 우리는 언어 속에서 살고 있다. 내가 알고 있는 모든 언어를 동원해 가리고 골라 말한다. 그냥 반사적으로 뱉는 말처럼 느끼지만 사실은 고르고 고른 언어들이다. 반복되는 언어들이 많아질수록 특별한 생각 없이 그 언어를 사용한다. 말하기는 생각보다 어려운 과정이다.

아리스토텔레스는 인간을 '이야기하는 동물homo fictus (호모 픽투스)'이라고 했다. 인간은 언어 속에서 생활한다. 모든 언어는 대상을 가리키는 개념이 되고, 대상은 말에 의해 규정된다. 인간은 언어를 창조하고, 사고의 결과인 언어를 통해 자신의 생각을 다른 사람에게 전달한다. '이야기하는 동물'인 인간은 이처럼 사고한 내용을 언어로 표현하고 사고의 폭을 넓히면서 발전해왔다. 언어는 생각과 느낌을 표현하는 수단일 뿐만 아니라, 생각과 느낌을 형성하고 규정하는 역할을 담당한다. 따라서 우리가 어떤 언어를 사용하

　　　　　4장 생각의 속도, 그리고 콘텐츠로

느냐에 따라서 우리의 사고도 달라질 수 있다. 언어가 인격을 형성하고 결정하며 삶을 지배한다.

이야기하는 동물의 첫 단계는 '말하기'이다. 화술이나 화법을 가르치는 여러 책들은 같은 말이라도 어떻게 사용하느냐에 따라 삶과 인간관계가 달라진다는 것을 전제한다. 그러나 정작 국어 시간에 이 문제를 크게 다루지 않기 때문에 우리는 말하기에 대해 크게 생각하지 않는다. 하지만 말 하나가 운명을 가르는 일들은 무수히 많다. 우리는 내면적인 느낌이나 사고, 가치, 신념 등을 언어로 표현한다. 그리고 그 언어는 사고와 정신세계를 형성하고 지배한다. 인간은 자신이 사용하는 언어 수준을 넘지 못한다. 인간 존재의 수준은 사용하는 언어 수준에 의해 결정된다. 그런 점에서 "언어는 존재의 집이다"라고 한 하이데거의 말은 여전히 유효하다. 인간은 언어의 집에 산다. 인간은 마치 언어의 창조자이고 주인인 것처럼 행동하지만, 사실은 언어가 인간의 주인으로 군림하고 있다는 하이데거의 말은 희석되기 어려운 진실이다.

제한된 소리이기는 하지만 몇몇 동물들도 소통하는 음성체계를 갖고 있다. 그들이 소통하는 데 사용한 소리가 언어의 범주에 들어가느냐의 문제는 차치하더라도, 사고작용의 결과인지 단순한 본능에 의한 것인지의 문제가 남아 있긴 하다. 그러나 분명한 점은 '기록'하는 동물은 인간 이외에 없다는 사실이다. 그만큼 글은 인간의 고유한 기능이다. 지금까지 우리가 본 것처럼 인류의 역사에서 글은 역사가 그리 길진 않지만, 글의 발명을 통해 문명은 비약적으로 발전했다. 상의 시대에 글의 위세가 위축되었을지 몰라도 여전히 그 힘은 유효하다.

이른바 '전략적 글쓰기'를 피할 수는 없다. 모든 글은 의도가 있으며 그 효과를 극대화할 나름의 방법이 있다. 모든 공적인 글은 그 의도에 충실해야 한다. 사적인 글은 온전히 내적 소통에 몰입할 수 있지만, 의도적이긴 마찬가지다. 어떤 경우에건 모든 글은 생각을 객관화한다는 점에서는 동일하다. 글은 생각을 정리한 결과물이고, 어떠한 방식으로든 그 결과에 대한 책임을 요구하는 경우가 대부분이다. 그러므로 모든 글은 신중하고 진솔해야 한다.

이러한 글은 생각이 실천되는 좌표가 된다. 그게 결여된 글은 거짓이다. 공자는 《논어》의 〈위령공〉 편에서 말과 글은 뜻이 통하게 하는 것이 중요하지, 화려하고 길고 멋진 게 좋은 것은 아니라고 가르쳤다. "말은 통하면 그뿐이다辭達而已矣"라는 공자의 가르침은 그런 의미이다. 어떠한 글이건 본래 의도를 가리거나 이해되지 못하면 아무런 쓸모가 없다. 또한 기록되어 객관화될 뿐 아니라 시공간을 초월해

4장 생각의 속도, 그리고 콘텐츠로

보존되는 까닭에 신중하게 써야 한다. 공자는 〈술이〉편에서 글 쓰는 대강大綱을 "기술하되 지어내지 않는다述而不作"고 했다. 물론 이는 역사 서술의 태도에 관한 말이지만, 헛되이 쓰지 않으며 자의적으로 해석하는 글을 경계한다는 점에서 여전히 큰 울림을 지닌다.

이른바 좌우명을 써두는 건 그 자체가 삶의 좌표가 되기 때문이며, 가능한 한 그 내용처럼 살려는 결심을 늘 되새길 수 있기 때문이다. 글은 단순한 기록이 아니라 삶을 이끄는 힘이 있기에, 이는 내 삶으로 이어질 수 있는 기록이어야 한다. 삶이 글을 빚어내고 글이 삶을 이끌기 때문이다. 정의justice를 서술하면서 내 삶이 정의롭지 않다면 모순이며 기만이다. 실천하는 글쓰기가 그만큼 무겁고 중요하다.

글이 부서진 곳에는 콘텐츠도 없다

상의 시대에 글의 힘이 위축되었다고 해서 글의 시대가 끝났다고 단언하는 건 참으로 어리석다. 거듭 말하지만 글은 결코 죽지 않는다. 오히려 글의 진가가 드러날 시대가 오고 있다. 글이 꾸준히 생산되고 소비되기 때문만은 아니다. 글의 진가는 오히려 지식과 정보 전달 같은 글의 기존 기능을 부차적인 것으로 넘길 때 비로소 제 힘을 발휘하게 된다. 단적으로 말해, 글이 모든 상의 뼈대가 되어야 한다는 뜻이다. 그 '뼈대'의 역할을 글이 어떻게 실현할 수 있는지에 대해 성찰할 때이다.

글은 이야기를 만들어내는 힘이 있다. 긴 호흡으로 이어지는 이야기를 만들기 위한 거의 유일한 도구가 글이다. 조앤 K. 롤링Joan K. Rowling의 '해리포터' 시리즈는 매력적이고 개연성 있는 흥미진진한 이야기로 수많은 독자들을 확보했다. 독자는 마치 실재하는 세상을 한 걸음 떨어져 본다는 느낌으로 허구의 이야기에 푹 빠져든다. 작가는 이야기의 뼈대를 크게 세우고, 독자는 그 틈새마다 자신들의 상상력을 촘촘히 채워 넣는다. 이 소설은 영화로도 제작되어 영화 팬들을 열광시키고 엄청난 부가가치를 생산해냈다. 이처럼 스토리텔링의 힘은 엄청나다. 그 스토리텔링이 기본적으로 글을 통해 만들어진다는 점에 주목하면 글에서 어떻게 콘텐츠가 배양되는지를 알 수 있다.

스토리텔링은 단순히 이야기를 만들어내는 것이 아니다. 세계를 확장하고 타인에 대한 이해를 넓히며, 낯섦에 호기심으로 다가서도록 하는 힘이 있는 이야기를 만들어내는 것이 진정한 의미의 스토리텔링이다. 소설은 글로 쓰인 스토리텔링이지만 예전과 달리 다양한 콘텐츠로 확장될 수 있는 힘이 있다. 이는 본래 극히 일부의 유명한 작품에만 해당되었는데, 이제는 다양한 작품이 상의 시대에 원천을 제공할 수 있는 텍스트가 되었다. 이렇듯 새로운 형식의 콘텐츠가 출현하면서 글의 힘이 축소되는 게 아니라 오히려 더 강화될 수 있는 환경이 마련되었다고 볼 수 있다.

세계적 거장의 반열에 오른 봉준호 감독의 콘티는 '그림'을 통해 화면의 디테일까지 포착해내는 탁월한 힘을 발휘한다고 알려져 있다. 그러나 거기에 쓰인 글의 역할이 없다면 충분하지 않다. 글은 이렇게 때로는 그림을 보완하며 이야기를 좀 더 치밀하게 채워준다. 그림으로 그려진 콘티에서 글의 비중은 결코 크지 않지만, 견고하고 꼼꼼하고 세밀하게 이야기를 완성시키기 때문이다.

글은 논리적이고 체계적이며 내면의 의식까지 밖으로 꺼내올 수 있는 도구이다. 때로는 단 하나의 낱말만으로 이를 가능하게 해준다. '기록된 문자'는 박제된 것이 아니라 새로운 숨을 받아들이며 비상하는 힘을 지녔다. 글은 기본적으로 텍스트 콘텐츠이지만, 다양한 콘텐츠로 확장될 잠재력이 있다. 특정한 파생 콘텐츠를 염두에 두지 않더라도 글은 그 자체로 다양한 콘텐츠를 생산할 수 있는 요소를 지녔다. 섬세한 사유, 다양한 감정, 풍부한 감각을 표현하는 데 글만큼 적격인 게 없다. 그 지점에서 콘텐츠 시대에 글의 위상을 새롭게 찾아낼 수 있어야 한다. 그게 결여된 텍스트 콘텐츠로서의 글은 저장된 기호에 머무를 수밖에 없다.

광고 카피 하나가 시장에서 상품의 생명을 좌우하는 경우는 허다하다. "침대는 가구가 아닙니다, 과학입니다"라는 문구 하나가 침대 시장의 판도를 바꿔놓았고, 폭스바겐의 "Think small"처럼 자기정체성을 역설적으로 어필하는 메시지는 철학적 가치까지 떠올리게 만들어 '가치 소비'의 효과까지 노렸다. 문장 하나의 힘을 실감할 수 있는 사례들이다. 어떤 메시지건 영상이건 하나의 글로 압축시키는 훈련도 글의 힘을 키우는 좋은 방법이 될 것이다. 그런 사고 근력이 생기면 하나의 낱말이나 문장을 콘텐츠로 표현할 수 있게 된다.

　　　　4장 생각의 속도, 그리고 콘텐츠로

글은 이처럼 실생활과 마케팅뿐 아니라 다양한 분야에서 여러 양상으로 발현되는 힘이 있다. 그리고 이를 토대로 더 많은 부가 콘텐츠를 생산할 수 있다. 이런 힘은 낱말과 문장을 만지면서 생겨나는 직관·영감·통찰력·상상력 등이 어느 순간 다양한 방식으로 결합되면서 키워진다. 또한 긴 호흡이 가능하다는 글의 우월성을 포착하면 그 자체로 뛰어난 스토리텔링의 근육이 길러진다. 이런 점만 고려해도 이미 글은 다른 어떠한 수단보다 탁월한 역할과 기능을 하기에 충분하다. 아울러 새로운 매체들이 등장해 그에 맞는 콘텐츠 소스를 제공하고 가공함으로써 이전에는 상상도 하지 못하던 놀라운 일이 벌어질 수 있다. 이런 점을 고려해보면 글은 상의 시대라서 위축되는 것이 아니라 오히려 상의 시대에 더 주목받을 요소가 될 수밖에 없다.

예를 들어 '사랑해'라는 낱말 겸 문장 하나를 만져보기만 해도 우주의 부피만큼 엄청난 것들이 쏟아진다. 어떻게 이 기호를 그저 소리로 읽고 날려버릴 수 있겠는가. 이 기호 속에는 모든 사람의 각기 다른 이야기와 삶이 담길 수밖에 없으며, 살을 붙이고 이어가면 사랑을 주제로 한 대하소설과 드라마, 영화가 만들어진다. 그 기호 하나가 나의 하루를 설레게 하고 사람을 대하는 태도를 변화시킨다. 더 이상 문자라는 기호에 갇히지 않는다. 기호로서의 글은 박제된 게 아니라 거기에서부터 꿈틀거리며 배태되는 거대한 우주가 된다. 이전에 비해 글의 위상은 제한될 수밖에 없지만, 새로운 미디어 환경은 그 제한의 봉인을 깨고 글을 무한대의 위상으로 확장시킨다. 이는 지금 우리가 맞이한 새로운 글의 시대를 함축한다.

글은 내가 생각한 것을 기호로 표상한 것이다. 그 표상을 다른 방식으로 가시화하는 게 콘텐츠이다. 심지어 나는 내가 쓴 글을 읽으면서도 쓸 때는 느끼지 못했던 표상을 발견한다. 그러니 일단 글로 써두는 게 좋다. '적자생존'을 기억할 일이다. 그게 글의 놀랍고도 위대한 힘이다. 다른 사람의 글을 읽는 것은 그 사람을 읽는 것과 다르지 않다. 심지어 허구적인 이야기일 때도 그렇다. 인간의 모든 내면과 생각과 느낌이 가장 단순한 기호로 표상되는 것이 바로 글이다. 거기에서 출발한다. 종점이 아니라 기점이다. 글을 종점으로 생각하면 그것으로 끝이지만, 출발점으로 삼으면 목적지는 무한에 가깝다. 출발점이 글이고 목적지가 콘텐츠라면 그 사이에 채워질 내용이 얼마나 다양하고 대단할지 쉽게 가늠하기 어렵다.

시를 유난히 사랑했던 실존철학자 하이데거에게 많은 영향을 끼쳤던, 독일의 시인 슈테판 게오르게Stefan George는 "말이 부서진 곳에서는 어떤 사물도 존재하지 않으리"라고 노래했다. 이 구절을 패러디하면 "글이 부서진 곳에서는 제대로 된 콘텐츠가 존재하지 않는다"라고 할 수 있을 것이다. 말을 살려야, 글을 살려야 원하는 콘텐츠를 얻을 수 있다. 이제 그런 시대가 된 것이다. 그러니 글과 작별하는 시기가 아니라 새로운 방식으로 재회할 시간이다.

언어의 두 얼굴

느린 언어의 힘

새로운 언어들, 기존의 어법과 용도를 뒤집은 언어들이 쏟아진다. 그 언어들에서 유희를 즐기기도 한다. 그래서 더 확산된다. 얻는 게 있으면 잃는 것도 있다. 유쾌함까지 곁들인 편리함을 얻었다면 잃은 것은 무엇일까? 여러 가지가 있겠지만 가장 중요한 건 사유의 언어가 아닐까 싶다. 여기에서 말하는 사유란 일단 사전적 의미에서, 인간이 두뇌를 써서 대상을 파악하고 가능성을 예측하며 지식이나 개념을 만들어내는 활동이다. 더 나아가 불교식으로 보면, 사유란 대상을 구별하고 생각하며 살피고 추리하며 헤아리고 판단하는 것 또는 마음속으로 깊이 생각하는 것이다.

두 가지 정의 모두 공통적으로 '마음속으로 깊이 생각하는 것'이라는 본질을 꿰뚫는다는 점에 주목할 필요가 있다. '마음속으로 깊이 생각하는 것'은 바로 생각을 '만지는' 일이다. 순간에 일어나는 일이 아니라 시간을 두고 파고드는 일이다. 바쁘다는 핑계로, 혹은 경제적이라는 이유로 문장을 생략하고 몇 개의 낱말만 사용하거나 인위적으로 조작한 '빠른 언어'에는 사유의 공간이 비집고 들어가기 어렵다. 사유의 언어는 '느린 언어'이기도 하다. 빠른 결론이 아니라 숙고와 성찰을 거친 언어이다.

사회인류학자이며 구조주의의 선구자인 레비스트로스Claude Lévi-Strauss는 인간의 특징이자 가장 중요한 능력을 '정신을 통한 창조 능력'에서 찾았다. 그는 창조 능력과 정신의 의미에 주목했다. 결국 사유의 언어가 창조의 힘을 빚어내며, 그것이 정신의 의미를 확립한다. '언어학의 아버지' 소쉬르Ferdinand de Saussure는 인간이 정신적 존재일 때, 그리고 정신이 언어에 의해 규정될 때 인간은 말하는 존재가 된다고 했다. 물론 언어에 의해 주체의 자율성이 확립되고 보장되느냐에 대한 의구심은 여전히 해소되지 않지만, 언어에 의해 정신이 규정될 때 이러한 정신이 빚어내는 성찰이 사유이다. 언어와 사유의 관계가 주체성과 창조성에서 매우 중요한 열쇠가 되는 건 바로 이러한 이유 때문이다.

사유의 언어가 꼭 개념이나 관념을 다루는 말은 아니다. 감각이나 감정을 다루는 말에도 어떤 사유가 담겼느냐에 따라 느낌과 의미가 달라진다. 이는 단순히 어감을 지칭하진 않는다. 상대가 힘들어할 때 "많이 어렵지? 힘내!"라고 격려하는 건 그에게 큰 힘이 될 수 있다. 그냥 상투적으로 뱉어내는 말이 아니라 그의 고통과 번민을 같은 느낌으로 받아들이며, 기꺼이 그 어려움을 나누고 함께 버티겠다는 공감에서 나온 말일 때 거기에는 사유가 담길 수밖에 없다. 상대방의 느낌을 추론하고 상상하며 내 감정으로 들여놓는 사유의 과정이 바로 공감이다. 그러므로 제대로 된 공감이 사유로부터 빚어지는 건 어쩌면 당연한 일이다. 드라마 〈다모〉의 여러 대사들 중 황보윤(이서진 분)이 장채옥(하지원 분)에게 했던 말은 그래서 오래 기억되고 여전히 회자된다.

> 황보윤: 아프냐.
>
> 장채옥: 예.
>
> 황보윤: 나도 아프다. 너는 내 수하이기 이전에 누이동생이나 다름없다. 날 아프게 하지 마라.

흔히 "아프냐? 나도 아프다"로 기억하는 이 대사는 그냥 툭 던지는 말이 아니라 온몸 온 마음으로 떨고 아파하며 안타까워하는 깊은 사유를 거쳐야 나올 수 있는 말이다. 이 짧은 대사에 개념이나 관념을 담은 낱말은 없다. 그러나 공감의 정수를 가장 극적으로 표상한, 사유의 언어로 직조된 문장이다.

결국 사유의 언어란 개념이나 관념을 다룬 말에 국한

4장 생각의 속도, 그리고 콘텐츠로

되지 않으며, 깊이 생각하고 새기며 길어 올리는 언어의 두레박에 담긴 말이다. 말보다 글에서 사유가 잘 빚어지는 건, 시간을 할애해 글자 하나하나를 내 안으로 들여 숙성·해석·저장할 수 있을 뿐 아니라 언제든 다시 찾아 확인하고 심화할 수 있기 때문이다. 그런 점에서 사유의 언어를 회복하는 지름길은 글을 읽는 것이다. 사고의 보폭을 조절하며 새겨두는 이러한 언어의 못자리가 글이다.

　나는 가장 중요하다고 여기는 문장을 읽었거나 그런 문장을 쓰고 싶다고 여길 때 그 문장을 품고 천천히 걷는다. 속으로 그 문장을 읊조리며 걷다 보면 문장의 속도와 걸음의 속도가 하나의 화음처럼 절묘하게 겹치는 순간이 온다. 내 생각의 속도와 몸의 속도가 글의 속도에 스며드는 순간, 문장은 온전히 나의 것이 된다. 나는 이를 가장 즐겁고 완벽한 사유의 과정이라고 생각한다. 또한 뭔가 쓰고 싶은 것이 떠올랐지만 적절한 문장이 떠오르지 않는 경우에도 책상머리에 버티고 앉아 있기보다는 일단 밖으로 나가 걷는다. 그러다 보면 어떤 실마리나 고리의 언어가 어렴풋하게 잡히고, 이를 붙잡고 늘어지기도 하고 보듬기도 하다 보면 명확하고 선명한 언어로 드러나게 된다. '몸-생각-글'의 속도가 나란히 가면서 사유가 숙성된다.

　그러니 내 글과 책의 중요한 대목은 대부분 손이 아니

라 '발로 썼다.' 그 '발'은 걷는 발이 아니라 '사유하는 발' 혹은 '사유를 촉발하는 발'이다. 사유는 단순히 뇌의 작용으로만 이루어지는 것이 아니라, 내 몸의 모든 신경을 깨우고 움직이게 하면서 이끌어내는 결과물이다. 그러므로 사유 자체는 이미 하나의 복잡하고 복합적인 산물이며, 위상학적 유추를 통해 언어라는 기호가 그 메커니즘을 연동시킨다.

사유 없는 언어가 난무하는 세상은 부박하다. 천박하고 경솔한 언어를 쏟아내고도 추스를 생각이 없고 부끄러워하지도 않는 관계는 거칠고 칙칙할 수밖에 없다. 아무 생각 없이 말을 뱉는 사람은 없겠지만, 그 생각을 잡고 '생각을 생각하는' 사유의 과정이 생략된 언어는 불임의 언어일 수밖에 없다. 기본적 소통이 되고 어느 정도 교감과 공감도 상응하는 까닭에 사유의 언어가 꼭 필요하다고 느끼지 못하거나, 심지어 그런 언어를 가식적이라고 여길 수도 있다. 그러나 사유의 언어 없이 창의적이고 생산적인 결실을 얻어내기가 쉽지 않다는 사실은 거의 분명하다. 그 고리를 깨뜨려줘야 하는 게 교육의 과정이고, 사회문화적 분위기여야 한다.

물론 사유 없는 콘텐츠도 있다. 번뜩이는 영감이나 직관의 힘에서 비롯된 콘텐츠가 얼마나 많은가. 그러나 이는 실마리를 얻을 때의 일이지, 콘텐츠가 스토리텔링과 구조를 갖추려면 튼실한 구조를 짜내고 맞추는 사유의 힘이 충일해

4장 생각의 속도, 그리고 콘텐츠로

야 한다. 사유가 없어도 세상은 돌아가고 삶도 그럭저럭 꾸려진다고 생각하는 사람은 자기 삶의 주인이 될 수 없고, 콘텐츠의 생산자가 되기도 어렵다. 사유의 힘은 결코 작지 않다. 그 사유가 어떻게 언어로 구현되는지 집중하는 일이 그래서 더 필요하다.

일치와 틈새

구문일치口文一致라는 말이 '있었다.' 예전에는 구어와 문어의 차이가 너무 심해서 언어가 겉돌거나 체화되지 못하는 경우가 많았는데, 대한제국 후기에 입말을 글말에 그대로 쓰려는 문학적 노력으로 그 간극이 줄어들었다. 많은 과거 언어들에서 입말과 글말이 다르게 쓰이는 경우가 있는데, 우리 언어에서는 그 간극이 꽤 컸다. 이제는 구문일치라는 말 자체가 퇴장한 상태이지만, 아직 우리 입말과 글말은 약간의 거리를 두고 있는 것도 현실이다.

자연스러운 언어 관습일 수도 있겠지만, 둘의 간극이 벌어지는 건 그리 바람직하지 않다. 구어와 문어가 각각의 채널에서 사용되는 데 기성세대가 큰 저항감을 느끼지 않은 건 문어를 통해 지식과 정보를 습득하던 것에 익숙하기 때문이다. 반면 신세대는 일상에서 사용하는 구어를 그대로 글로 옮겨 쓰고 교환하는 경우가 일반적이라 기성세대가 문어체의 글을 사용하면 낯설고 불편하다고 느낀다. 이제는 대부분의 기성세대도 일상에서 구어를 그대로 글로 내려 쓰는 것이 낯설지 않다. 이들이 쓰는 메시지나 카톡도 거의 다 구어체이다. 문자 메시지나 카톡은 세대 구별 없이 널리 사용되는 까닭에 적어도 이 영역에서는 낯설거나 거부감이 들지 않는다.

그러나 이메일의 경우는 조금씩 달라진다. 기성세대의 이메일은 전형적인 문어체 글쓰기에 가깝다. 반면 신세대는 이메일도 거의 구어체 그대로 내려 쓴다. 일부 기성세대는 메시지나 카톡에서는 구어체 글쓰기에 거부감이 없지만 이메일의 영역에서는 조금 다른 감정을 갖는 듯하다. 이메일은 문자 메시지나 카톡에 비해 '격식'을 갖춘 글쓰기라고 생각하기 때문일 것이다. 그러나 문어가 격식을 갖춘 글쓰기라는 생각 자체가 시대착오적이다. 이는 격식의 문제가 아니다. 오히려 직설적이고 휘발적인 구어의 문제를 보완하는, 즉 입말의 짧은 문장이 갖는 태생적 문제를 벗어나 길고 복잡한 생각을 담아낼 수 있는 좀 더 큰 그릇이라는 측면에서 보아야 한다. 그건 '격식'이 아니라, 굳이 이름 붙이자면 '형식'이라고 해야 옳다. 형식이 내용을 결정하는 경우가 결코 적지 않다.

그럼에도 전체적인 추세는 갈수록 구문일치로 간다. 구

4장 생각의 속도, 그리고 콘텐츠로

어가 문어를 따라가기 때문이라기보다 구어가 대세이기 때문에 문어가 그에 맞추는 형편이라고 보는 것이 타당할 것이다. 그렇다면 '해결책'은 두 가지라고 할 수 있을 것이다. 하나는 구어가 사유의 언어를 다양하게 수용하고 활발하게 주도하는 것이다. 구어라고 꼭 가벼운 말이라고 할 수 없으며, 사유의 다양성을 보편화하는 노력은 필요하다. 예능 프로그램이라고 감각적이고 정서적인 어휘로만 구성될 필연성이나 당위는 없다. 물론 시청률과 광고 수입의 연계 때문에 가벼운 언어가 사용되는 프로그램을 선호하겠지만, 더 좋은 언어를 사용하면서도 오락적인 만족도를 높이고, 좋은 어휘를 습득할 가능성도 높일 방법을 함께 꾀할 수 있다.

또 다른 해결책은 글말도 일상의 입말로 친숙하게 만드는 노력이다. 우리 지식 생태계가 위축된 큰 이유 중 하나는 이른바 전문가와 학자의 '그들만의 언어' 혹은 '학문적 사투리'로 가득 채워진 논문이나 책이 주인 행세를 했기 때문이다. 이른바 연구 성과를 채우기 위한 논문이나 전문 서적이 '그들만의 리그'에서만 유통·소비되는 풍토는 일반 독자를 떠나게 만들었고, 결국 좋은 글말이 입말과 친숙해지지 못하도록 훼방한 점이 있음을 부인하지 못한다. 다행히 이제는 그 울타리를 깨뜨리고 많은 연구자들이 일반 독자가 부담 없이 읽을 수 있는 지적 생산물을 내놓는 추세이다. 하지만 그 괴리는 여전하다.

　내가 남미 작가 A. G. 로엠메르스가 쓴 《어린 왕자, 두 번째 이야기》를 번역할 때 가장 신경 썼던 부분은 문장을 소리 내어 읽었을 때 부자연스러운 부분을 고쳐 쓰는 일이었다. 단순히 '읽는 맛'을 위해서만은 아니었다. 뜻만 그냥 옮기면 우리말 호흡에 신경 쓰지 않게 되어 딱딱하고 건조해질 뿐 아니라, 자칫 '문어투'의 글이 될 수도 있겠다는 우려 때문이었다. 그래서 일단 내가 번역한 글을 몇 번 소리 내 읽으면서 호흡의 길이와 완급을 어떻게 조절하는 게 적절한지, 어떤 발음의 낱말을 써야 효과적인지 등을 살피면서 수정을 되풀이했다. 그 책을 번역하면서 가장 먼저 입말의 형태를 최대한 마련하는 게 좋겠다고 판단했고, 어떤 문장은 호흡을 고려해 자르고 잇는 일을 다양한 방식으로 시도했다. 그러면서 여전히 우리에게는 구어와 문어의 틈새가 존재한다는 걸 새삼 깨달았다.

　어차피 구어와 문어의 완전한 일치는 불가능하고, 반드시 바람직한 일도 아니다. 그렇다면 그 틈새를 어떤 방식으로 해석하고 활용해 언어의 두 얼굴aspects을 긍정적인 방향으로 펼쳐나갈지 고민해야 한다. 그 틈새를 잘 읽어내는 것만으로도 언어의 다양성과 즐거움을 배양하고, 거기에서 좋은 콘텐츠의 실마리를 찾을 수도 있기 때문이다.

챗GPT 시대, 인간의 선택

AI가 쓴 서문

오픈AI가 개발한 대화형 인공지능인 챗GPT의 출현은 놀라움과 더불어 새로운 기대를 던져주고 있다. 앞으로 얼마나 어떻게 진화할지 정확히 알 수 없지만, 이제는 검색조차 불필요해진 시대가 되었는지도 모른다. 빌 게이츠Bill Gates는 챗GPT의 등장이 인터넷의 발명만큼 중대한 사건이라며 주목한다. 물론 마이크로소프트가 AI 챗봇을 탑재한 검색엔진 빙Bing을 공개했다는 점에서 비즈니스적 차원의 당연한 발언이겠지만, 그의 말이 지나친 과장은 아닌 듯하다. 그는 글을 작성하거나 책의 어조에 더 잘 어울리도록 수정할 수 있다는 점까지 언급한다.

《챗GPT에게 묻는 인류의 미래》라는 책은 아예 김대식 교수와 챗GPT를 '공저자'로 명기했다. 김대식 교수는 인류에게 중요한 여러 질문에 대해 인간과 기계가 대화하는 내용을 담은 책을 쓰려 하는데, 그 책을 위해 매우 상세하고 수준 높은 서문을 써달라고 요구한다. 챗GPT는 그럴듯한 서문을 작성해 제시한다. 그것을 읽고 나서 인간(김대식 교수)은 책이 "세계적인 베스트셀러가 될 수 있도록" 서문을 수정해달라고 부탁한다. 그 요구에 대해 기계는 상업적 성공을 예측하거나 세계적 베스트셀러가 될 것으로 장담할 능력은 없음을 고백하되, 독자에게 좀 더 매력적이고 친숙하게 다가갈 방법을 담아 수정된 서문을 작성한다. 이런 식으로 인간과 기계는 '서문'에 대해 계속 '대화'하면서 문제를 더 구체화하고, 주제에 더욱 가깝게 접근하며 진보하는 모습을 제시하는 것이 이 책이 시작 부분이다. 지금까지 AI는 읽고 쓸 수 있었지만 그 내용을 이해하지는 못했는데, 챗GPT가 그 영역을 접수하고 있음을 이 책은 보여준다.

챗GPT는 활용할 장점이 매우 많다. 청구서나 편지 쓰는 일을 도와 수많은 사무실 업무를 좀 더 효율적으로 만들어줄 것이다. 빌 게이츠는 읽기와 쓰기 작업의 최적화가 어마어마한 영향을 줄 것이며, 보건의료·교육 분야에서 특히 큰 효과가 나타날 것으로 예견한다. 그 외에도 어떤 아이디어가 떠오를 때, 혹은 어떤 주제에 대한 통사적 지식이 필요하지만 너무 방대해서 일일이 찾는 게 현실적으로 너무 부담스럽거나 들인 공에 비해 결과는 그리 크지 않으리라 예상될 때, 개략적 탐색을 위해서 챗GPT의 도움을 받을 수 있다. 이는 일반적인 지식을 요약 정리하는 데 매우 탁월하다.

기존의 판례나 논문의 문헌을 조사할 때도 매우 큰 도움을 받을 수 있다. 또한 위키피디아가 그랬듯이 문헌 조사와 정리만 도움을 받아도 부담을 크게 줄일 수 있다. 키워드만 입력하고 대강의 방향성만 제시해도 챗GPT는 놀라울 만큼 충실한 콘텐츠를 제공한다. 그러니 외면할 까닭이 없다. 물론 아직은 챗GPT가 쓴 글article의 신뢰성에 대한 의문이 남지만, 앞으로 빠르게 그 문제의 해결책도 만들어낼 것이다. 진정성과 도덕성의 문제를 해결해야 한다는 과제도 남아 있다.

"나는 이 책을 쓰면서 아직 서문을 쓰지 않았다." 사실 이 문장에 큰따옴표를 붙이는 건 어색하다. 인용된 문장도 아니고 나의 발성도 아니다. 그런데도 굳이 큰따옴표를 붙인 건 의도적이다. 챗GPT라는 놀라운 기계는 간결한 설명과 함께 서문을 요구하자 즉각 제공했는데, 그 내용이 꽤나 논리적이고 체계적이며 심지어 예지적이기까지 하다. 더 나아가 계속 대화하면서 제기되는 새로운 요구를 받아 수정과 보완을 거친, 더 나은 서문을 바로 제공한다. 글 쓰는 사람의 입장에서는 맥 빠질 일이다.

내가 이 책을 쓰면서 아직 서문을 쓰지 않은 건 첫째, 본디 쓰려는 책의 목적과 방향을 지속적으로 체크하고 혹시 수정이나 변경될 사항이 있는지, 있다면 거기에 어떤 의미가 있는지 등을 확인한 뒤에야 비로소 책 전체를 아우르는 서문을 쓸 수 있기 때문이다. 둘째, 어떤 책은(나의 대부분의 책들은 그랬다) 서문을 먼저 쓰면 자칫 그 틀 안에서만 수렴하려는 경향성이 생기기 때문이다.

분명히 더 나은 기계들이 출현하고 그 기계들이 '공장처럼' 찍어내는, 그러나 투박하고 기계적인 콘텐츠(글)가 아니라 매우 세련되고 풍부한 지식과 정보를 논리적·체계적으로 '가공한' 콘텐츠가 곧 일상이 될 것이다. 바흐J. S. Bach의 작품 몇 개로 바흐풍의 새로운 악곡을 만들고, 얀 페르메이르Jan Vermeer의 〈진주목걸이를 한 소녀〉를 새로운 방식으로 재현하는 일 등은 이미 익숙해졌다. 가장 창조적이고 개인적이라는 예술에서도 이럴진대 논문이나 기사 등은 더 말할 것도 없다. 우리가 머리 싸매고 겨우 쥐어짜낸 글조차 이 경악할 기계는 숨 쉬듯 쉽게, 그리고 어쩌면 더 완벽하게 토해낸다. 챗GPT의 시대에 글이 가장 먼저 자리를 잃게 될 거라고 거침없이 이야기되는 데 이르렀다.

하지만 정말 그렇게 될까? 미래는 늘 낯설게 다가오는 법이고 두려움과 희망이 섞여 있지만, 편의를 따지는 이들에게는 희망의 몫이, 창조하는 이들에게는 두려움의 몫이 더 크게 다가오는 듯하다. 미래는 정확히 알 수 없고 결론을 내리는 건 성급한 일일 수 있지만, 나는 후자에 걸고 싶다. 문명의 발전은 늘 어느 정도 부작용을 수반하지만, 결국 그

에필로그

부작용을 걷어내고 더 나은 방향으로 진화하는 패턴이었다는 점을 비춰봐도 그렇다. 그렇다면 우리가 '선택할' 희망은 무엇일까? '남겨진'이 아니라 '선택할'이라고 한 것은 쓸쓸한 자위가 아니다. 그동안 많은 에너지를 쏟아온 수많은 과정들의 부담을 덜어내고 비로소 집중하고 몰두할 수 있는, 그래서 온전한 창조의 힘을 발견하고 키워낸다는 점에서 나는 희망적이라고 생각한다.

유발 하라리Yuval Noah Harari가 《사피엔스》 발간 10주년 특별판 서문에서 밝힌 내용은 시사하는 바가 꽤 크다. 그는 인공지능 GPT-3에게 출간 10주년 기념 서문을 써달라고 주문했다. 하라리는 AI가 써낸 결과물을 보고 깜짝 놀랐다고 고백한다. 무엇보다 GPT-3가 쓴 글의 논리적 일관성이 있었다면서, 심지어 그 글이 실제로 모종의 주장을 펴고 있다는 점에 놀랐다고 평가했다. 그러나 "납득하기 어렵거나 명백하게 우스꽝스러운 부분"도 있다는 점을 들어 적어도 몇 년간은 자신의 일자리를 빼앗지 못할 것이므로 안심한다는 평가도 곁들였다. 앞으로 몇 년은 인간이 인공지능보다 여전히 더 강하겠지만 기술 변화의 속도가 매우 빠르다는 점, AI가 일으킬 획기적인 변화로 힘의 중심이 역사상 처음으로 인류의 손아귀에서 벗어날지 모른다는 점은 우려한다. 그러면서 인공지능을 비롯한 혁신적인 기술을 어떻게 개발하고 사용할지 그 틀을 결정할 힘을 인간이 아직 보유하고 있으며, 이 힘을 지혜롭게 사용하는 것은 우리 삶에 결정적으로 중요하다고 강조한다. 그런 점에서 나는 우리가 '남겨진' 것을 찾을 게 아니라 '선택할' 힘을 찾아내야 한다고 확신한다. 그 힘은 어디에서 찾을 수 있을까.

그동안 인간의 전유물이었던 수많은 일들을 기계가 대신할 것이다. 예전의 산업혁명이 근육의 노동을 대체했다면, 이제는 오랫동안 인간에게만 고유하다 여겼던 정신 작용, 이성적 역할마저 기계가 대신할 수 있게 되었다. 이러한 변화는 산업혁명 때 그랬듯 기존의 일자리를 위협하고 고용시장에 심각한 영향을 끼칠 수밖에 없다. 그래서 우리는 더더욱 전전긍긍한다. 그러나 이미 역사에서 경험했던 것처럼 새로운 변화는 더 많은 새로운 일과 일자리를 만들어낼 것이다.

나는 앞서 이 책을 쓰면서 서문을 쓰지 않았다고 밝혔다. 이미 정해진 방향과 노선으로 전개되는 '닫혀 있는' 콘텐츠가 아니라 '열려 있는' 콘텐츠, 그리고 완전히 새롭고 창의적인 글이 가능하다는, 조금은 오만할 수 있지만 근본적으로는 겸손한 고백이었다. 그리고 나는 그 부분이 바로 중요한 실마리가 된다고 믿는다. 단순화의 오류를 무릅쓰고 심하게 말하자면, 챗GPT의 글은 '표절된 글의 조합과 재구성의 결과물'이다. 주어진 주제와 방향의 틀에 적절한, 그러나 이미 누군가 썼기에 데이터에 저장된 자료들을 추려내 엮은 것이다. 물론 매우 논리적이고 체계적이라는 점에서 꽤 밀도 있는 구성물을 생산한다는 점이 예사롭지 않다. 하늘 아래 새로운 게 없고, 우리는 모두 앞서 살았던 사람들이 쌓아 놓은 지식과 정보의 결과물들로 교육받고 성장하며 자신의 것으로 해석한다는 점에서 결코 누구도 완전히 독창적일 수는 없다. 그럼에도 그 한계 내에서 꾸준히 성장하고 변화하며 '자신의 것'을 구축한다.

그러나 나는 주어진 틀에 맞춰 닫힌 방식으로 글을 쓰기보다는 새로운 아이디어와 영감에 따라 반응하고 그에 맞는 자료와 글을 써내는 힘이 인간에게 더 또렷이 확보되었다고 여긴다. 결국 중요한 포인트가 여기에 있는 셈이다. 즉, 글 전체가 아니라 핵심적인 부분에서 나의 독창적 사고와 해석의 지점을 찾아내는 것이다. 또한 서술에서도 나만의 독특하고 창의적인 표현과 느낌을 낚아챌 여지를 마련할 수만 있어도 오히려 경쟁력 있는 글이 될 수 있다. 그 부분을 찾아내는 게 우리가 당면한 문제이자 해결책이 될 것이다.

지금까지 챗GPT에 관한 대부분의 책은 사람이 묻고 AI가 대답하는 방식이었지만 거꾸로 기계가 묻고 사람이 답하는 방식도 능히 가능한 일이다. 전자의 방식은 일정한 방향성을 갖는다는 점에서 큰 변화나 돌발이 나타날 확률이 적지만, 후자의 방식에서는 예측하기 쉽지 않다. 인간도 물론 축적된 지식과 정보를 토대로 사고·해석·판단하겠지만, 그렇다고 늘 거기에 제한되거나 통제되지는 않기 때문이다. 이는 인간 대 기계의 대결구조가 아니다. 검색과 구성의 '속도'나 저장된 정보의 지식 양에서 인간은 기계(챗GPT)를 이기기 어렵다. 자전거를 탄 인간과 기계 자체인 고속열차의 속도 경쟁은 무의미하다. 맨몸으로 경주마와 달릴 때는 경주에서 이기기를 요구할 게 아니라 '말 타는 법'을 가르쳐야 한다. 좋은 말이 생겼으니 더 빨리 달릴 수 있다. 단, 그 말을 탈 수 있는 한 그렇다. 그리고 그 말을 타고 어디로 갈지, 가서 무엇을 할지, 절약한 시간을 어떻게 활용할지 따지지 않으면 그냥 말 등에 올라 말이 가는 방향에 끌려갈 수밖에 없다.

기계가 묻고 인간이 답하는 순서로 뒤집으면 과연 어떤 결과가 나올까? 거기에 큰 가능성이 보인다. 아주 매력적인 요인이다. 기계가 만들어내는 언어 조합의 매력은 탁월하다. 그렇다면 인간이 만들어내는 언어 조합은 어디에서 어떤 매력을 발견할 수 있을까. 저장하고 있는 지식과 정보의 폭과 깊이의 차이에 따라 조금씩 다르기는 하겠지만, 기계의 대답은 큰 틀에서 보면 대동소이하다. 그러나 인간의 대답은 그렇지 않다. 인간은 같은 지식과 정보도 자신의 방식과 해석에 따라 저장하고 응용하는 방식이 다르기 때문이다. 그 힘을 증대하는 역할에 초점을 맞추면 챗GPT는 더할 수 없이 좋은 스파링 파트너가 될 수 있다.

'카피킬러'에서 질의 학습으로

어느 교수가 학생들에게 과제를 내줬다. 학생들이 제출한 리포트를 읽은 교수는 깜짝 놀랐다. 너무나 수준 높은 내용들이었기 때문이다. 그러나 곧 그 리포트가 챗GPT라는 인공지능이 만들어냈다는 걸 알게 되었다. 여러 학생들이 제출한 리포트가 대동소이했기 때문에 쉽게 적발할 수 있었다. 그러나 열 포졸이 한 도둑 못 잡는다는 말처럼 학생들도 새로운 전략을 짜내게 될 것이다. 평가해야 할 교수들은 곤혹스럽다. 지금까지는 '카피킬러'(표절 검사 프로그램)로 걸러낼 수 있었지만(모든 과제물을 일일이 그렇게 체크하는 것도 보통 일은 아니다), 챗GPT처럼 진화된 인공지능의 도움을 걸러내는 건 만만하지 않다. 게다가 이제 시작일 뿐, 앞으로 얼마나 어떻게 진화할지도 모를 일이다.

교수들의 고민은 채점의 어려움에도 있지만, 학생들이 스스로 탐구하는 능력을 거세하는 게 아닌가에 문제의 초점이 맞춰지는 것 같다. 아울러 글의 위상이 위태로워지고 학생들이 너무 편하게, 그것도 기계의 도움을 받아 대놓고 표절하는(엄밀히 말하자면 챗GPT 자체가 이미 하나의 표절과 편집이라는 점에서 이중 표절이 되는 셈이다) 지식 생산과 소비의 방식에 안타까움과 답답함을 지워내지 못하는 듯하다. 물론 충분한 대응이 나와 나름대로 소기의 목적을 달성할 것이다. 그렇게 서로 충돌하고 보완하면서 진화할 것이 분명하다.

　나는 교수들이 당면한 고민이 딜레마가 아니라 오히려 매우 좋은 기회를 제공할 것이라 생각한다. 생각을 바꾸면 다른 길이 보인다. 솔직히 학부에서는 학생들이 개인적으로 교수와 대화하고 토론할 기회가 그리 많지 않다. 교수의 수업에는 엄연히 면담 시간office hour이 포함되어 있지만, 우리나라에서는 학생이 교수 연구실에 들러 수업과 관련해 토론하거나 어드바이스를 받는 일 없이 졸업하는 경우가 대부분이다. 교수는 아예 면담 시간을 공표하거나 언급하지도 않고, 학생들은 설령 고지되어도 연구실에 찾아갈 생각을 하지 않는다. 안타까운 일이다. 그런데 챗GPT의 출현은 이를 변화시킬 수 있다. 예를 들어 학생들은 과제를 받고 나름대로 자료를 찾고, 챗GPT의 도움도 받아 리포트를 작성한다. 그러나 자신이 직접 탐구하고 고민한 건 아니다. 심지어 베껴 쓰는 수고도 없이 그냥 출력한다. 베껴 '쓰기'라도 하면 그 과정에서 생각하고 각인되는 효과라도 있겠지만 그마저

에필로그

도 없는 것이다.

　이걸 학생은 그냥 제출하고 교수는 평가해야 한다고 여기니 모두의 꼴이 우습게 되는 것이다. 따라서 교수는 학생이 자신의 리포트를 얼마나 이해하고 있으며 어떻게 보충할 수 있는지, 그리고 어떻게 생각하고 있는지 등에 대해 연구실로 불러 물어보면 된다. 학생은 대면 질의 시간을 준비하기 위해 자신이 제출한 리포트를 여러 차례 읽어보고 나름의 생각을 정리해야 한다. 적어도 자신의 것으로 소화하지 못하면 대면 질의에 대처할 수 없다. 이 과정에서 학생은 챗GPT가 잘 검색하고 요약해준 내용을 꼼꼼하게 살필 뿐 아니라 그 내용에 대한 자기 해석을 시도해야 하고, 막히는 부분을 체크해 대면 질의 때 교수에게 묻거나 대답하게 된다.

　교수는 대면 질의를 통해 학생이 부족한 부분을 채워주면서 어떻게 이해하고 소화해야 하는지 등에 대해 도움을 줄 수 있다. 경우에 따라서는 한 번에 여러 학생을 불러 함께 대면 질의 시간을 갖는다. 각 학생은 자신뿐 아니라 다른 학우들의 리포트 내용을 알게 되고, 어떻게 질의 응답하는지 직접 경험함으로써 지식을 확장할 뿐 아니라 다른 사람의 견해를 이해하고 비판하는 종합적 사고를 키울 수 있다. 또한 자연스럽게 집단지성이 발현되는 과정을 경험하게 될 것이다.

대면 질의를 거치면서 자연스럽게 비판적 사유critical thinking가 일어나고 소통과 공감communication이 활성화되며, 교수와 학생(들) 간에 협업collaboration이 가능해질 뿐 아니라 새로운 창의성creativity이 발현된다. 이는 콘텐츠를 만들어내는 4C가 차례로, 그리고 체계적으로 실현되는 과정이다. 놀랍지 않은가? 예전에는 인공지능이 없었기에 상상도 할 수 없었지만, 이제는 누구나 쉽게 다가갈 수 있는 현실이 되었다. 걱정되는 점이 없는 건 아니지만 그보다 더 큰 장점과 편의가 그것을 충분히 상쇄한다. 결국 이 '상쇄할 수 있는 힘'을 어떻게 기르고, 구체적 성과를 얻을 수 있는지 고민해야 한다. 그게 핵심 포인트이다. 그런 점에서 대면 질의 과정의 추가로 인한 커리큘럼의 변화뿐 아니라 학습방식의 전환과 다각화 시도를 선제적으로 고민해야 한다. 그것이 시대정신을 파악하고 미래의제를 설정할 수 있는 중요한 기점이 된다.

이러한 시도는 기존의 대학교육 방식을 혁명적으로 바꿀 수 있을 것이다. 여전히 유지되는 일방적 강의 방식의 교육이 아니라 대학교육다운 방식으로 발전할 수 있다. 다만 챗GPT를 통해 얻은 지식은 스스로 탐구하고 검색해 얻은 것이 아니기 때문에, 직접 탐구하고 검색하는 과정에서 발견하게 되는 이해와 성찰은 빠져 있다는 점을 지속적으로

에필로그

깨닫게 함으로써 다양한 보완을 시도하도록 해야 한다. 그렇지 않으면 표절을 당연하게 여기도록 만들고, 좀 더 세련된 방식으로 표절하도록 조장할 수 있다.

거의 모든 지식과 정보가 열려 있고 접근이 가능한 현실에서 검색과 탐색에 소비되는 시간과 에너지(물론 이는 중요한 지출이고 값어치가 충분한 보상이지만)를 이렇듯 지식과 정보를 연계하는 방식의 새로운 경험으로 유도하고, 그 내용을 숙고해 더 나은 결과를 산출하도록 전환할 수 있다면 이는 매우 신선하고 생산적인 대안이 될 수 있다.

직접 자료를 찾고 참고도서를 읽는 일이 의미도 쓸모도 없다는 뜻은 아니다. 꼬리에 꼬리를 무는 수많은 연관 자료들을 찾으면서 얻는 깨달음과 영감 등은 챗GPT가 가공·제공하는 것들에서는 결코 경험할 수 없다. 나는 664쪽에 달하는 《진격의 10년, 1960년대》라는 책을 쓰면서 10년 가까이 참고도서를 찾았고, 도움을 얻기 위해 800여 권의 책을 읽었다. 그리고 글을 써나가면서 200여 권의 참고도서를 버렸다. 내가 쓰는 책과 직접적인 연관이 없었기 때문이었지만, 거기에서 얻은 영감과 통찰은 그 책들을 통하지 않았다면 결코 얻을 수 없는 선물이었다. 책을 써나가면서 각각의 책을 다시 훑어보고 또 다른 영감을 얻으면서, 써나갈 글의 질감과 의미를 다질 수 있었다. 시간과 공력을 고려한다면 나의 책은 비효율적일지 모른다. 그러나 거기에 쏟은, 그리고 거기에서 얻은 힘은 단순한 효율 그 이상의 것이었다. 다만 다시 그 책을 쓴다면 챗GPT의 도움을 받아 꼭 필요한 부분에 시간과 에너지를 집중할 것 같다. 그러면 '절약된 시간'을 다른 일에 돌려쓸 수 있을 것이다.

새로 얻은 집중력은 챗GPT를 통해 얻은 자료를 내 것으로 소화하기 위해 여러 차례 읽고 생각·성찰하며 상상력을 발휘하는 데 사용되어야 한다. 그러기 위해서는 중요한 문장을 '만져야' 한다. '문장을 만진다'는 건 그 안에 담긴 내용뿐 아니라 중요한 낱말들이 담고 있는 다양한 함의와 변용 가능성까지 짚어보는 것이다. 이는 비단 대학교육에만 국한된 문제가 아니다. 그렇게 문장을 만지면서 '6i', 즉 탐구inquiry/investigation, 직관intuition, 영감inspiration, 통찰insight, 상상력imagination이 씨줄과 날줄로 얽히며 나/인간I/individual으로 수렴되어 콘텐츠를 생산할 수 있는 힘이 배양된다(《인문학자 김경집의 6i 사고 혁명》 참조).

'내가 쓴' 리포트가 아니라는 것에만 초점을 맞추면 이 핵심을 놓친다. 내가 쓰지 않았어도 '챗GPT가 써준' 내용을 이해·비판·수용할 지점을 찾아냄으로써 더 폭발력 있고 생산성 높은 '새로운 창의성'을 발휘할 힘이 '내가 만진 문장'에서 길러진다. 같은 물건도 어떻게 쓰느냐에 따라 달라지

에필로그

는 것처럼 글 또한 어떻게 소화하고 소비하느냐에 따라 달라진다. 학생들에게 '문장을 만지는 힘'에 대해 가르치고 그 다양한 방식과 가능성을 토론하며 경험하게 한다면 한 학기 강좌에서 교재를 몇 권 학습하는 것보다 훨씬 더 큰 효과를 얻을 수 있을 것이다.

낱말/문장 만지기를 돕기 위해 수업 시간에는 그 주제에서 주목할 핵심 개념과 용어에 대해 설명하고, 그것이 어떻게 사용되며 어떤 식으로 확장될 수 있고 어떻게 다른 개념들과 연계되는지 그 방식의 사례들을 살펴봄으로써, 학생들이 앞으로 만나게 될 내용을 이해해보도록 이끈다. 그 과정이 있어야 자신이 검색하거나 챗GPT와의 '대화'를 통해 얻어낸 것들을 읽고 이해하는 데 도움이 된다. 이러한 교실 수업과 연계해 교수 연구실에서는 피드백이 지속됨으로써 교수와 학생 모두 발전하고 도움을 받는 쌍방형 수업이 가능해질 것이다.

이것만으로도 대학교육의 혁명적 변화가 가능할 것이다. 그러니 두려워할 게 아니라 어떻게 적극적으로 소화하고 이용할지에 대해 고민할 일이다. 과제 보고서에 대한 면접 질의(이 또한 새로운 '만지기'이다)만으로도 이미 엄청난 변화와 가능성을 얻을 것이다. 앞으로는 거의 모든 분야에서 이와 유사한 방식으로 새로운 혁명이 도래할 것이다. '낯설게 다가오는 미래'를 '낯익은 현재'로 전환하는 게 지금 우리에게 필요한 능력이다. 챗GPT의 시대에 글의 위상은 위축되는 것이 아니라 오히려 확장될 수 있다는 희망은 막연한 기대가 아니다.

질문이 답이다

인공지능은 엄청나게 축적된 지식과 정보를 놀라운 속도로 찾아내고 결합하며, 이전의 단순한 컴퓨터와 달리 스스로 생각하고 창작한 것처럼 답을 토해낸다. 알고리즘을 파악하는 능력은 우리 인간과 비교도 되지 않을 만큼 앞서 있다. 그래서 AI의 이 능력 앞에서 우리는 위축되기도 하고 절망하기도 한다. 그러나 AI의 답은 절묘한 '논리적 표절'이다. 그 한계를 아직은 벗어나지 못했다. 다만 어떻게 묻느냐에 따라, 그리고 돌아온 대답에 얼마나 더 진화된 질문을 던지느냐에 따라 그 능력의 수준을 높일 수 있다. 그게 인간이 주도권을 쥐는 방식이며, 기계의 표절을 재표절하지 않고 새로운 창조의 재료로 사용하기 위한 핵심적 방법이다.

챗GPT는 사용자와 주고받는 대화에서 '질문에 답하도록' 설계된 언어모델이다. 언어모델은 한 단어 이후에 어떤 단어가 오는 게 좋을지 적절한 단어를 통계적·확률적으로 예측하는 모델을 의미한다. 예측을 위한 데이터가 풍부할수

에필로그

록 더욱 적확한 답변이 나올 수 있다는 뜻이기도 하다. 예를 들어 '행복'이 무엇이냐고 물으면 '기계'는 행복의 정의부터 시작해 다양한 행복의 서술을 찾아내 제시한다. 새로운 건 없다. 말끔하고 세련된 논리로 짜깁기되어 있다. 그러나 거기에서 그치면 내가 사전이나 책을 들춰보는 수고만 덜어주는 수준에 머문다. 이는 질문이 너무 포괄적인 탓도 있고, 인공지능이 예측을 위한 데이터는 과할 정도로 풍부하지만 적확한 답변은 제시하지 못하기 때문이기도 하다.

기계에게 다시 묻는다. 어떻게 하면 행복해질 수 있느냐고. 기계는 이렇게 대답한다. "행복은 성격적 특성, 삶의 환경, 개인적 선호도 등 다양한 요인에 따라 달라질 수 있는 복잡하고 다면적인 감정입니다. 따라서 이 질문에 대한 하나의 결정적인 대답을 드릴 수는 없습니다. 그러나 여러분의 삶에서 행복을 키우는 데 도움을 줄 수 있는 몇 가지 일반적 조언을 말씀드리겠습니다." 그러면서 여섯 가지의 구체적인 내용, 즉 "긍정적인 관계의 증진", "감사의 마음을 실천하기", "즐거움을 주는 활동에 참여하기", "신체적 건강 유지", "의미와 목적 찾기", "스트레스 관리" 등을 제시하며 세세한 설명까지 곁들인다. 이것만으로도 어느 정도 도움을 얻을 수 있지만, 더 나아갈 수도 있다.

구체적 상황에서 나의 심리적 갈등과 사람들의 시선 등

내가 바라거나 보고 싶은 행복의 실체와 과정을 꼼꼼히 조건화해 물을 경우, 기계는 이전의 대답과 전혀 다른 혹은 거의 다른 답을 내놓는다. 이러한 질문과 응답은 한두 차례에 그치지 않고 계속 더 섬세한 물음과 그에 대한 대답으로 이어진다. 이때 AI는 단순한 검색 기계가 아니라 요구된 물음에 맞게 대답을 짜맞추고 논리적으로 재구성하는, 우리 지능과 매우 유사한 형태로 작동한다. 이 과정에서 나는 '질문을 던지는' 주도권을 쥐고, 기계가 제시하는 대답을 참고해 나의 답을 찾아낸다. 결국 모든 문제의 핵심은 질문이고, '묻는 나'로 귀결된다.

사람과 기계는 꾸준히 요구(질문)하고 되먹임(피드백)을 주고받으며 점점 더 구체적이고 의도한 바에 걸맞게 내용을 채워나갈 수 있다. 한 번에 끝나는 물음과 답이 아니라 지속적인 문답이 이루어져야 한다. 왜 사람은 한꺼번에 자신의 모든 요구사항을 기계에게 구체적으로 알려주지 않을까? 두 가지 가능성이 존재한다. 하나는 인간도 아직 전체적인 윤곽만 잡았을 뿐 구체적으로 어떻게 전개해야 할지 막연한 상황에서 기계의 대답을 받아든 뒤 보충할 사항을 발견하기 때문이다. 이 지점은 매우 흥미롭고 중요하다. 인간이 기계와 어떻게 소통(피드백)하느냐에 따라 콘텐츠의 수준이 크게 달라질 수 있기 때문이다. 이러한 간극을 파악하고 구체적

에필로그

사항을 묻는 방식이 진화를 이끌어낸다는 점을 놓치면, 결국 컴퓨터를 계산기로 쓰는 수준과 다름없게 된다. 또 다른 하나는 전체의 흐름을 잡은 상태에서 기계가 어떤 수준으로 대응하는지 확인하는, 일종의 절차를 보기 위함이다. 수차례 거듭되는 요청과 그에 따른 기계의 대응은 요청과 질문에 따라 기계의 대답이 얼마나 달라질 수 있는지 확인하게 해준다.

마지막 선택은 사람의 몫이다. 그 사람은 '묻는' 사람이다. 무엇을 물을지, 어디까지 물을지, 어떤 의도로 물을지, 어떤 방식으로 물을지 등도 그의 몫이다. 기계는 그 물음에 따라 답변한다. 질문의 문장을 끊임없이 만들어내는 사람이 '위너'가 되는 프레임이다. 나는 어떻게 물어야 할까? 질문이 답이다.

생각이 바뀌면 삶이 바뀌고 세상이 바뀌며 미래가 바뀐다. 어떤 말, 어떤 글이 그 변화를 이끌어내는지 늘 주목해야 한다.

감사의 말

한 권의 책은 온전히 저자만의 몫이 아니다. 수많은 책들에서 얻은 지식과 아이디어가 쌓이고 숙성되어 저자의 목소리로 엮어내는 변주곡이며 편집자들과 함께 연주하는 협주곡이다. 내가 만났던 책들과 저자들에게 감사한다. 그리고 작곡과 편곡은 저자의 몫이지만 그것을 연주하며 고치고 의견을 교환하며 진화하는 동반자들이 있다. 좋은 동반자가 있어서 하나의 곡이 만들어졌다.

김영사의 고세규 대표는 든든하고 묵묵하게 뒤를 받쳐주었다. 늘 겸손하고 웅숭깊은 태도로 지원하며 지켜봐주었다. 작업 전체를 주관한 김윤경 이사는 밭게 채근하지 않으면서 거친 초고들도 넘겨받는 대로 직접 읽고 응원해주어서 큰 힘이 되었다. 좋은 편집자를 만나는 것은 저자의 홍복이다. 박보람 차장과 정경윤 과장은 꼼꼼하게 편집 작업을 채워주었다. 이 두 사람을 만나 함께 작업한 것은 큰 행운이었다. 이 네 분들에게 특별한 고마움을 전한다. 이 책은 이렇게 다섯 사람이 합심한 공동 작업이었기에 이 고마움은 마땅하고 옳은 일이다.

　쑥스럽고 남우세스럽기는 하지만 나는 내 특별한 한 책에게도 감사하고 싶다. 《언어사춘기》는 나로서는 매력적인 영감과 통찰의 결실이었다. 그 책에서 발아하고 숙성한 것을 한 번 더 멋지게 증류하고 싶었다. 다행히 그 결과를 얻은 듯하다. 그 책이 없었다면 이번 책도 세상에 나오지 않았을 것이다. 그러니 이 책은 앞의 책 《언어사춘기》에 따로 고마움을 지니고 있다.

　문장이 막히거나 생각이 멈출 때마다 나를 불러내 걷게 하면서 가지런히, 그리고 끈기 있게 문제를 해결할 수 있도록 해주며, 문장을 품고 다듬어 꺼내게 해준 앞산 탕춘대능선과 뒷산 북한산길에 든든한 고마움을 전한다. 매일 두 시간의 산행은 그 자체로 하나의 생각 다듬기와 글쓰기였다. 이 책에 공헌한 상당 부분은 그 산길들이 마련했다. 그 산처럼 진중하게 살면 그 고마움에 어느 정도 답이 될 듯하다.